3 année

Mes mathématiques jeunesse simplifiées

France Choquette

CEC parasco

9001, boul. Louis-H.-La Fontaine, Anjou (Québec) Canada H1J 2C5
Téléphone : 514-351-6010 • Télécopieur : 514-351-3534

Édition *Mes mathématiques Jeunesse simplifiées – Cahier de 3e année*

Direction de l'édition
Alexandra Labrèche

Direction de la production
Danielle Latendresse

Direction de la coordination
Rodolphe Courcy

Charge de projet
Diane Karneyeff

Mise au point éditoriale
Koliny Chhim

Conception et réalisation de la page couverture
Accent Tonique

Réalisation graphique
Interscript

Illustrations
Yves Boudreau

Production audiovisuelle
FICTION PLUS Inc.

Remerciements
L'Éditeur tient à remercier madame Julie Duchesne pour la conception et l'élaboration des capsules vidéo à titre d'enseignante.

Édition *Les activités de Pri-Math – Cahier de 3e année*

Direction de l'édition
Diane De Santis

Direction de la production
Danielle Latendresse

Charge de projet
Diane Karneyeff

Conception et réalisation
AXIS COMMUNICATION

Illustrations
Yves Boudreau

Conception et réalisation de la page couverture
AXIS COMMUNICATION

Mes mathématiques Jeunesse simplifiées – Cahier de 3e année

9001, boul. Louis-H.-La Fontaine
Anjou (Québec) H1J 2C5

Dépôt légal : 2012
Bibliothèque et Archives nationales du Québec
Bibliothèque et Archives Canada

ISBN 978-2-7617-3866-8
ISBN 978-2-7617-1666-6 (Édition originale, *Les activités de Pri-Math – Cahier de 3e année*, 2000)

Imprimé au Canada
1 2 3 4 5 16 15 14 13 12

Mot aux parents

Mes mathématiques Jeunesse simplifiées est un cahier d'exercices dans lequel votre enfant fera des apprentissages en mathématique tout en s'amusant.

Ces exercices, présentés dans l'ordre alphabétique selon leur contenu, développeront chez l'enfant son habileté à réfléchir, à observer, à déduire, à résoudre des problèmes et à calculer.

Ce cahier est conçu pour accompagner l'enseignement dispensé en classe. Il n'a pas la prétention de remplacer l'enseignante ou l'enseignant, mais se veut plutôt un moyen différent de présenter à votre enfant des situations dans lesquelles il ou elle consolidera ou révisera ses apprentissages mathématiques.

En plus des termes mathématiques définis clairement et rigoureusement au haut des pages, des liens URL et des codes QR sont parfois indiqués. Ils permettent d'accéder en ligne à des capsules qui présentent des leçons mathématiques dispensées par une enseignante. Chaque vidéo est généralement présentée en trois parties :

1. Le concept est expliqué à l'enfant à l'aide de manipulation de matériel ;
2. La notion lui est expliquée au tableau, comme il le ferait sur une feuille ;
3. Un résumé rappelle à l'enfant, ou au parent, les étapes importantes de la démarche proposée.

Avec tous ces outils, il sera facile de soutenir votre enfant dans ses apprentissages, ou de lui rappeler les notions lors de révisions.

Bon succès !

Table des matières

Addition avec retenue

Addition avec retenue

Exemple : 34 + 28

Additionne d'abord les unités. Tu obtiens 12. Écris 2 comme résultat dans la colonne des unités et reporte le 1 de la dizaine dans la colonne des dizaines. Additionne ensuite les dizaines en tenant compte de la retenue

d	u
1	
3	4
+ 2	8
6	2

http://webcec.ca/t73/

Te souviens-tu? Voici une petite révision des additions avec retenues. Écris les sommes.

1. 46 + 17	2. 35 + 29	3. 69 + 21	4. 72 + 18	5. 17 + 47	6. 93 + 9
7. 88 + 13	8. 15 + 35	9. 56 + 24	10. 24 + 37	11. 76 + 16	12. 39 + 45
13. 63 + 27	14. 18 + 14	15. 27 + 28	16. 94 + 6	17. 13 + 18	18. 44 + 29
19. 37 + 19	20. 58 + 28	21. 81 + 19	22. 19 + 29	23. 87 + 18	24. 92 + 9
25. 32 + 28	26. 78 + 16	27. 54 + 19	28. 85 + 15	29. 29 + 43	30. 71 + 19
31. 47 + 29	32. 12 + 78	33. 66 + 29	34. 49 + 38	35. 91 + 9	36. 104 + 36

Additionner des nombres avec retenues

a b c d e f g h i j k l m n o p q r s t u v w x y z

Additionner des nombres avec retenues

Exemple :

	m	c	d	u
	1		1	
	1	9	4	5
+	3	8	0	7
	5	7	5	2

1. Additionne les chiffres des unités et n'inscris que le chiffre des unités de la somme obtenue sous la barre. Reporte le chiffre des dizaines de la somme obtenue au-dessus de la colonne des chiffres occupant cette position (retenue).
2. Recommence l'étape 1, cette fois pour la position des dizaines, et ainsi de suite, en additionnant, s'il y a lieu, la retenue.

http://webcec.ca/t73/

Effectue les additions et les soustractions. Biffe les réponses au bas de la page. Les lettres qui resteront formeront le mot mystère.

1 76 − 21	**2** 123 + 48	**3** 98 − 19	**4** 341 + 159	**5** 231 − 106	**6** 96 + 87
7 489 − 195	**8** 107 + 369	**9** 90 − 35	**10** 743 + 179	**11** 300 − 42	**12** 175 + 88
13 803 − 284	**14** 71 + 44	**15** 547 − 268	**16** 914 + 39	**17** 177 − 99	**18** 138 + 612
19 466 − 183	**20** 710 + 149	**21** 263 − 115	**22** 98 + 37	**23** 559 − 144	**24** 672 − 399

500 = B	263 = J	68 = Q	78 = I	55 = C	476 = S	953 = W	112 = U
283 = F	528 = A	273 = X	701 = T	258 = D	148 = G	432 = O	55 = L
294 = M	171 = V	859 = H	922 = Z	326 = R	115 = Y	125 = J	415 = B
29 = Z	519 = I	183 = P	750 = K	79 = S	261 = E	135 = D	279 = N

Le mot mystère est un nombre. Ce nombre est :

Effectuer mentalement et par écrit des additions et des soustractions. [Opérations]

Additionner des nombres avec retenues

Exemple :

	m	c	d	u
	1		1	
	1	9	4	5
+	3	8	0	7
	5	7	5	2

1. Additionne les chiffres des unités et n'inscris que le chiffre des unités de la somme obtenue sous la barre. Reporte le chiffre des dizaines de la somme obtenue au-dessus de la colonne des chiffres occupant cette position (retenue).
2. Recommence l'étape 1, cette fois pour la position des dizaines, et ainsi de suite, en additionnant, s'il y a lieu, la retenue.

http://webcec.ca/t73/

Effectue les opérations suivantes.

1. 758 + 213 =
2. 667 + 295 =
3. 325 + 105 =
4. 721 + 179 =
5. 547 + 119 =
6. 192 + 299 =
7. 539 + 106 =
8. 484 + 218 =
9. 693 + 179 =
10. 114 + 186 =
11. 688 + 199 =
12. 535 + 216 =
13. 778 + 118 =
14. 287 + 417 =
15. 306 + 389 =
16. 474 + 295 =

a b c d e f g h i j k l m n o p q r s t u v w x y z

Additionner des nombres de trois chiffres dont la somme est inférieure à 1000. [Opérations]

a b c d e f g h i j k l m n o p q r s t u v w x y z

Additionner des nombres avec retenues

Exemple :

	m	c	d	u
	1		1	
	1	9	4	5
+	3	8	0	7
	5	7	5	2

1. Additionne les chiffres des unités et n'inscris que le chiffre des unités de la somme obtenue sous la barre. Reporte le chiffre des dizaines de la somme obtenue au-dessus de la colonne des chiffres occupant cette position (retenue).
2. Recommence l'étape 1, cette fois pour la position des dizaines, et ainsi de suite, en additionnant, s'il y a lieu, la retenue.

http://webcec.ca/t73/

Trouve le résultat de chaque opération.

A

532	687	448	173	298	529	815	777
+ 196	+ 219	+ 325	+ 389	+ 207	+ 96	+ 89	+ 197

B

908	578	631	429	902	628	713	601
− 211	− 126	− 246	− 335	− 497	− 333	− 288	− 154

C

68	35	128	203	83	316	608	269
15	25	131	149	19	81	13	128
+ 36	+ 41	+ 146	+ 107	+ 129	+ 75	+ 46	+ 117

D

205	307	177	463	555	724	806	999
− 36	− 48	− 38	− 59	− 61	− 15	− 42	− 88
− 41	− 35	− 21	− 47	− 19	− 38	− 65	− 78

Aire

Aire

L'aire est la mesure de la surface délimitée par une figure ou une courbe.

Exemple : L'aire de cette figure est de 5 carrés-unités.

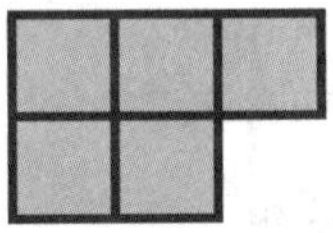

http://webcec.ca/m94/ http://webcec.ca/w74/

Calcule l'aire de chaque figure. À droite de la figure, dessine une figure qui a une plus grande aire.

1

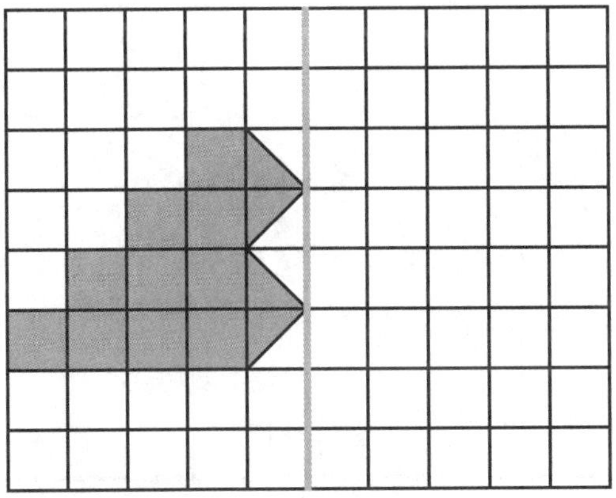

Aire : __________ carrés-unités.

2

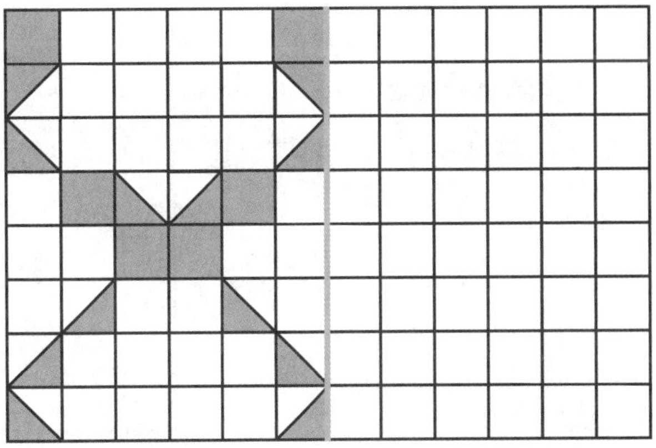

Aire : __________ carrés-unités.

3

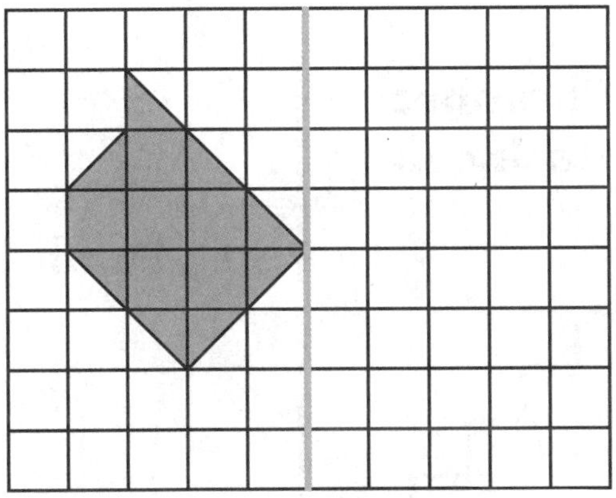

Aire : __________ carrés-unités.

4

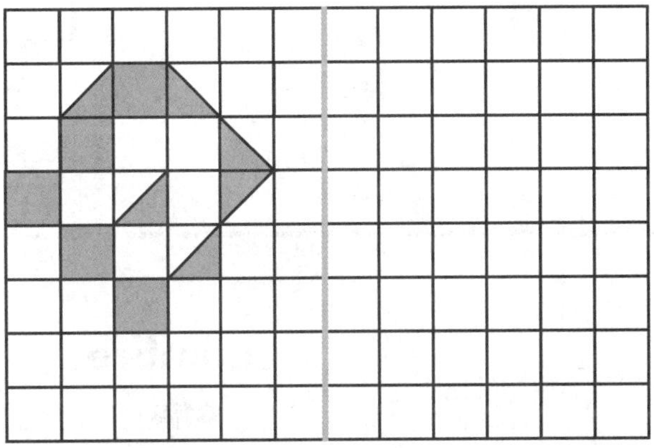

Aire : __________ carrés-unités.

5

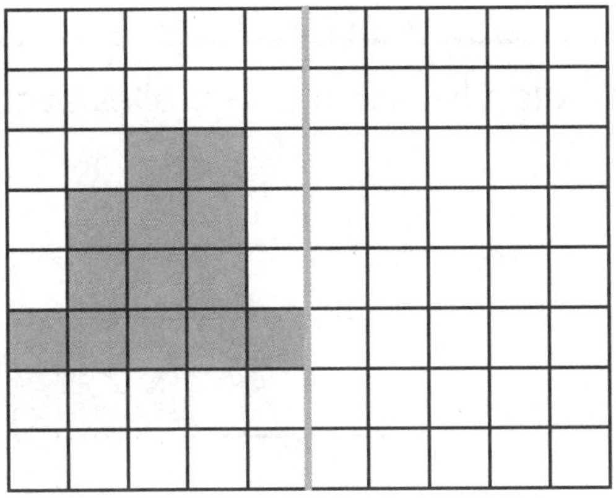

Aire : __________ carrés-unités.

6

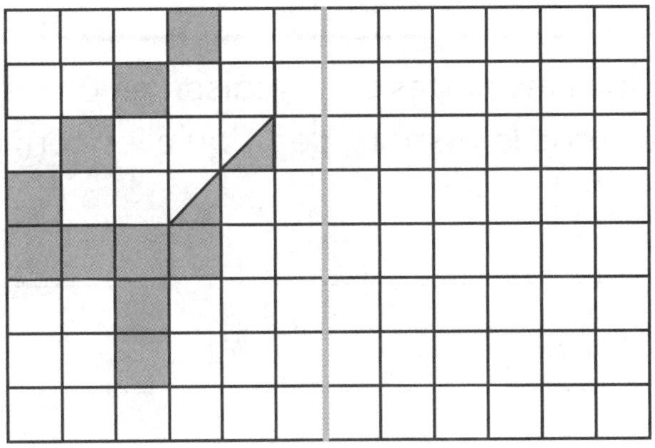

Aire : __________ carrés-unités.

a b c d e f g h i j k l m n o p q r s t u v w x y z

Aire

L'aire est la mesure de la surface délimitée par une figure ou une courbe.

Exemple : L'aire de cette figure est de 5 carrés-unités.

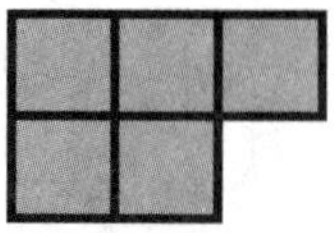

http://webcec.ca/m94/

Observe le plan de la maison de Jacob :

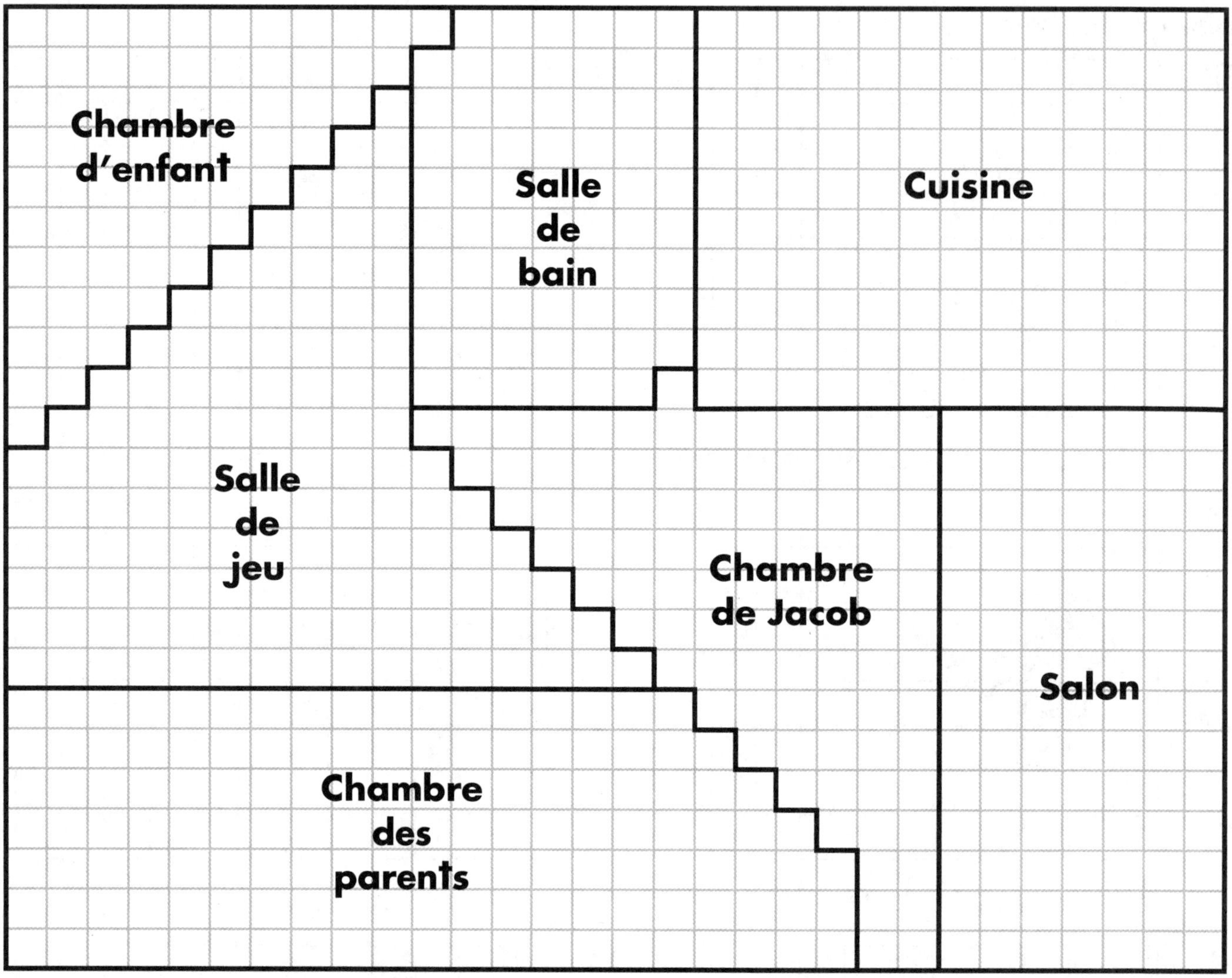

Place les pièces de la maison en ordre décroissant selon les surfaces qu'elles occupent et écris le nombre de □ qu'elles contiennent.

Aire

L'aire est la mesure de la surface délimitée par une figure ou une courbe.

Exemple : L'aire de cette figure est de 5 carrés-unités.

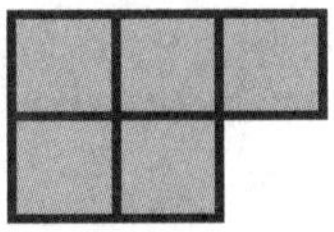

http://webcec.ca/m94/

Observe les polygones suivants. Compte le nombre de □ qui forment chaque polygone. Entoure les polygones qui ont la même aire.

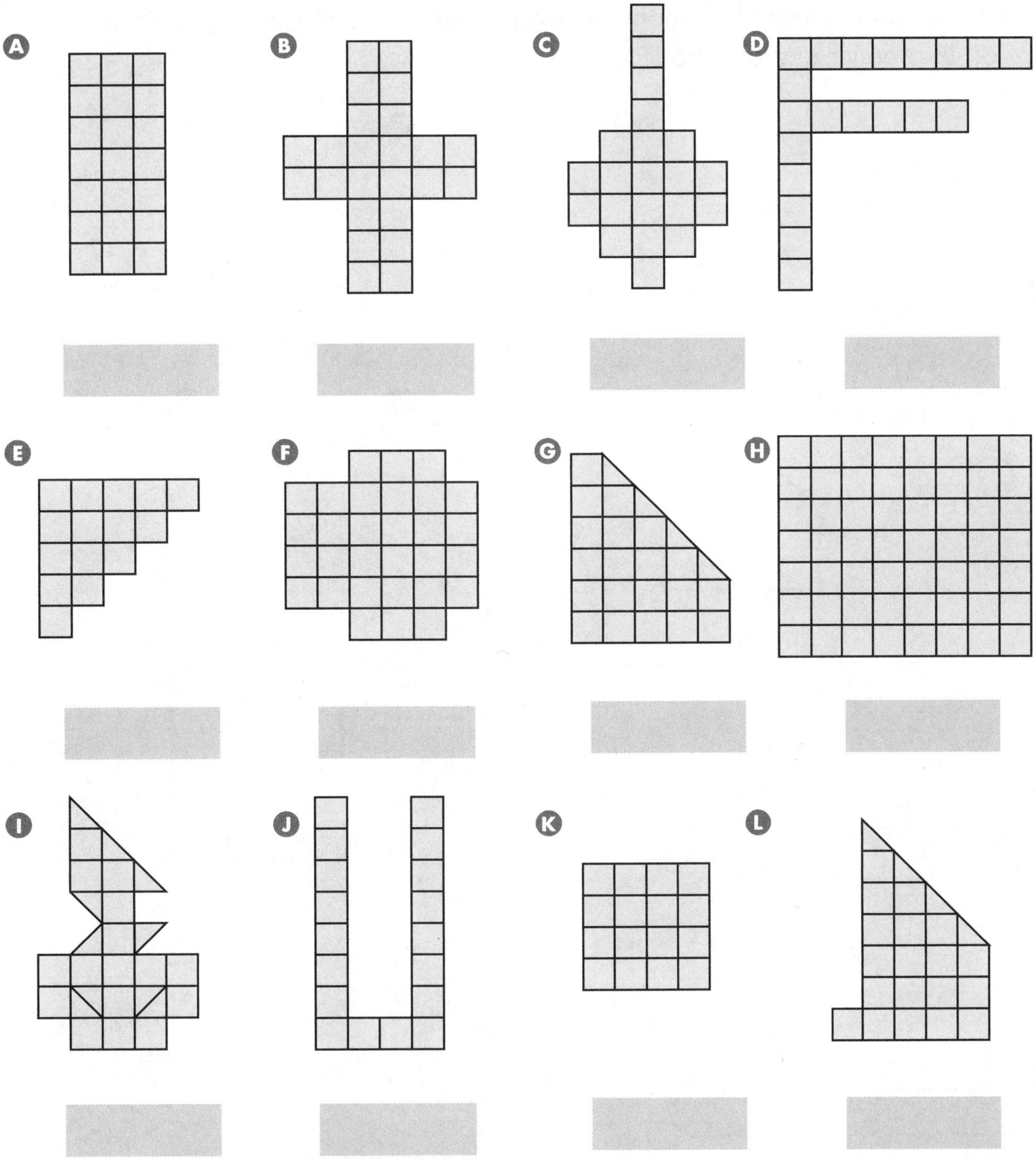

Angle droit

Symbole : ∟

Un angle droit est un angle dont la mesure est de 90°.

Exemple : L'angle A est un angle droit, car sa mesure est de 90°.

m ∠ A = 90°

Voici un angle droit : 

Il peut te faire penser à un coin. Voici plusieurs figures.

Trouve celles qui possèdent au moins un angle droit et trace ces angles droits.

On a fait le premier exercice pour toi.

 Identifier et représenter des angles droits. [Géométrie]

Arête

Une arête est formée par la rencontre de deux faces d'un solide.

Exemple :

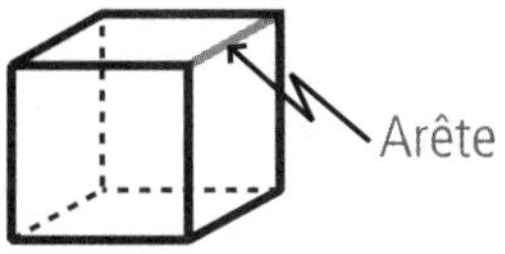

http://webcec.ca/p38/

Complète la grille.

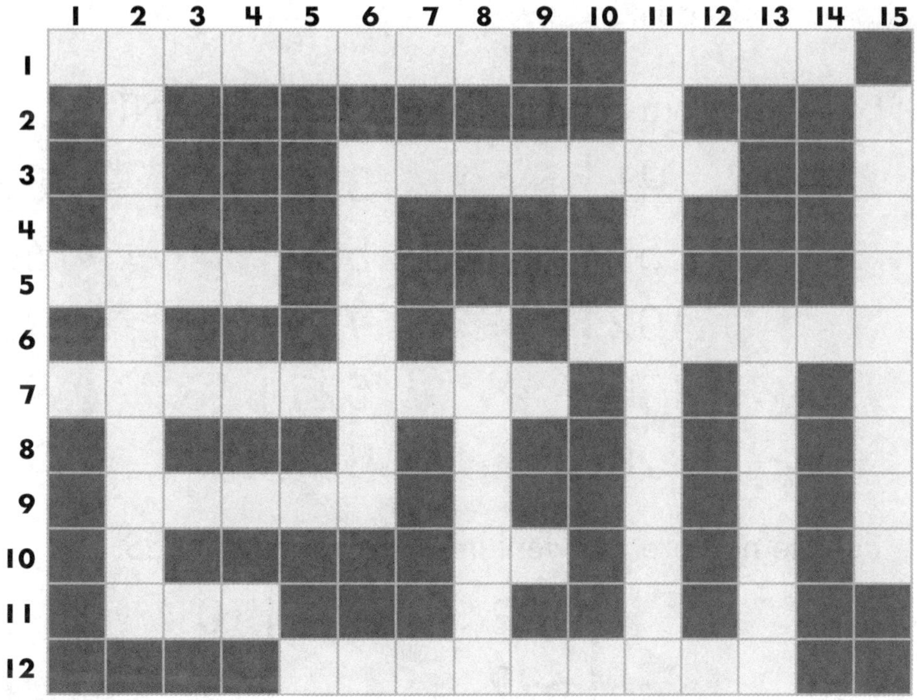

Horizontalement

1. Je suis une opération. Mon résultat est une somme. — Un chiffre chanceux.
3. Deux côtés d'une figure qui ont la même longueur.
5. Le nombre de centimètres dans un mètre.
6. Une ligne droite qui en rejoint une autre.
7. Il y en a 10 comme moi dans un mètre. Je suis le…
9. Figure qui sert à construire un cube.
10. Premier nombre impair.
11. Deux fois trois égale…
12. Dans le nombre 625, le 6 occupe la position des…

Verticalement

2. Les résultats des soustractions sont des…
6. Une figure qui n'est pas concave.
8. Le résultat d'une multiplication.
11. Je suis l'opération dont le résultat s'appelle une différence.
13. Les points de rencontre des arêtes dans un solide.
15. Quand un objet est symétrique, il a un axe de…

Avant, après, entre

Exemples : Le nombre 3 vient immédiatement avant le nombre 4.
Le nombre 4 vient immédiatement après le nombre 3.
Le nombre 2 se situe entre les nombres 1 et 3.
1, 2, 3, 4, …

Écris les nombres demandés.

1 Écris le nombre qui vient immédiatement AVANT :

	41		359		879		139
	59		500		667		498
	102		723		409		900
	170		527		917		460
	28		431		776		1000

2 Écris le nombre qui vient immédiatement APRÈS :

269		89		101		485	
400		699		79		377	
77		703		889		999	
809		468		502		69	
998		370		997		199	

3 Écris le nombre qui se situe ENTRE les deux nombres :

47		49	326		324	490		488
346		344	76		78	993		995
889		887	776		774	603		605
99		101	144		142	266		264
579		577	580		578	998		1000

Trouver le nombre qui vient immédiatement avant ou immédiatement après un autre nombre, ou qui se situe entre deux nombres. [Numération]

Axe de symétrie

Un axe de symétrie est un axe de réflexion situé à l'intérieur d'une figure symétrique.

Exemple :

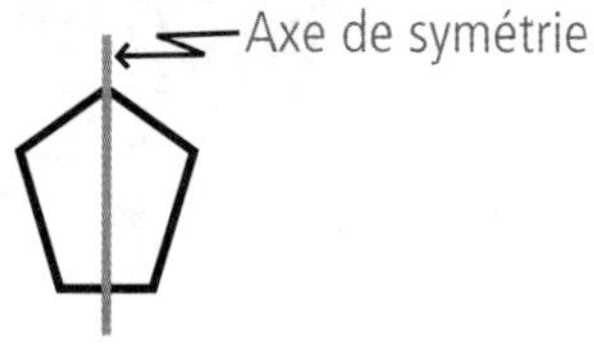

http://webcec.ca/h29/

Aimes-tu les activités de symétrie ? Reproduis les carrés gris à droite du pointillé. Bonne chance !

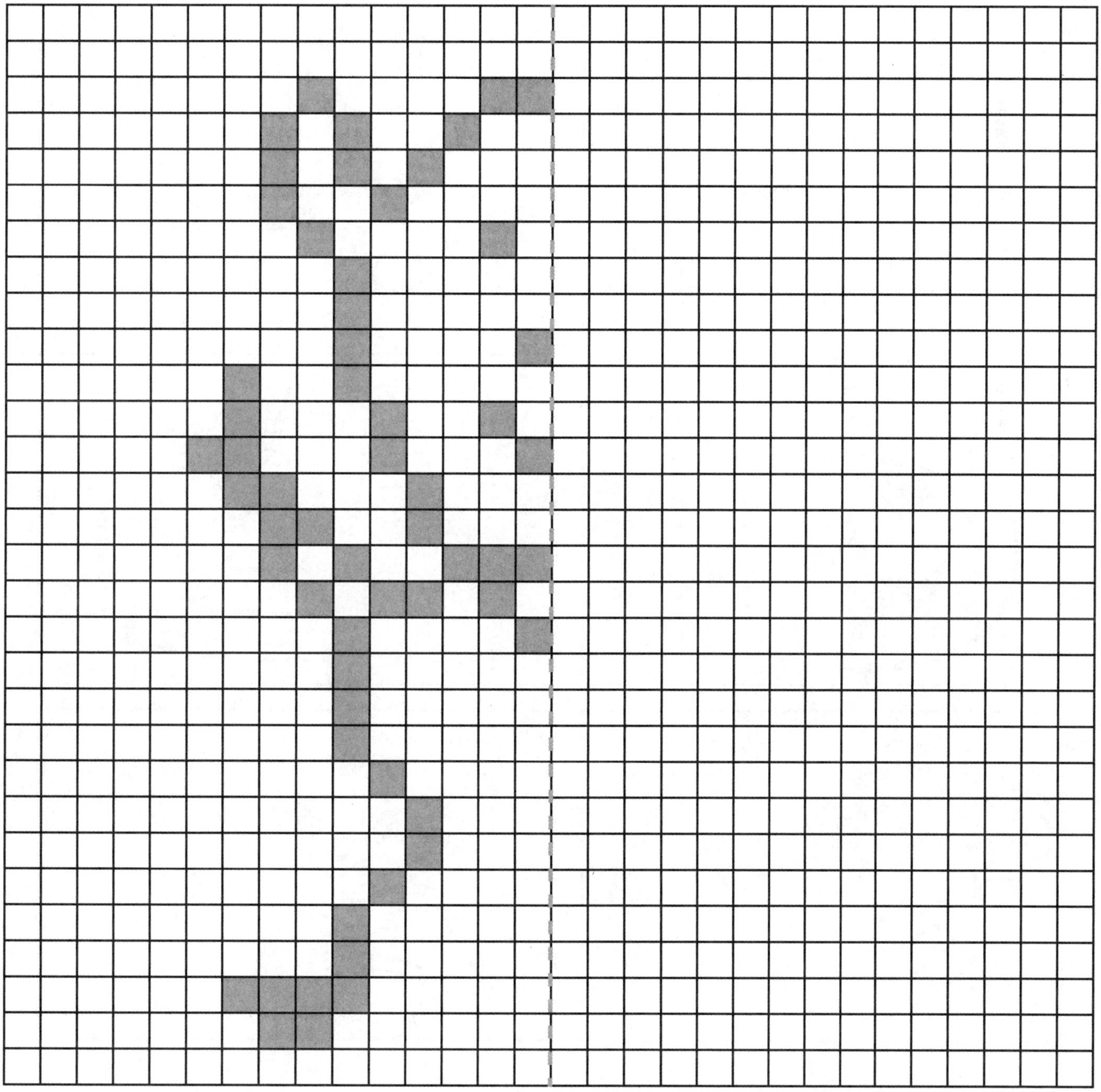

Compléter, à partir d'un axe de symétrie, la partie manquante d'un dessin simple. [Géométrie]

Axe de symétrie

Un axe de symétrie est un axe de réflexion situé à l'intérieur d'une figure symétrique.

Exemple :

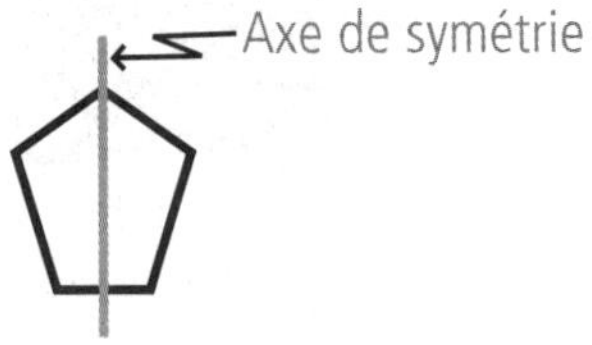

http://webcec.ca/h29/

Complète les dessins par symétrie. Tu y découvriras des illustrations d'Halloween. Amuse-toi à les colorier.

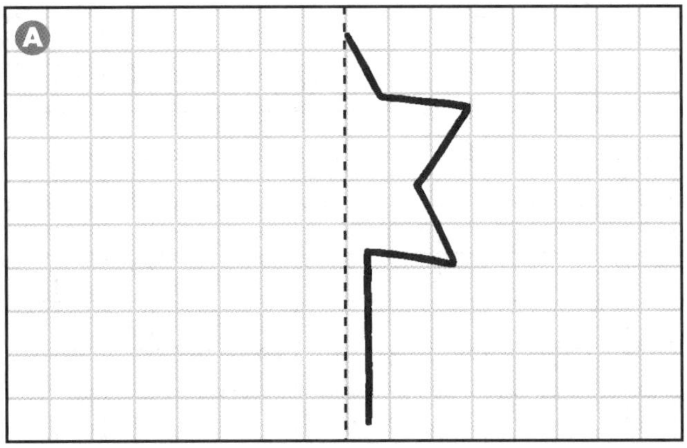

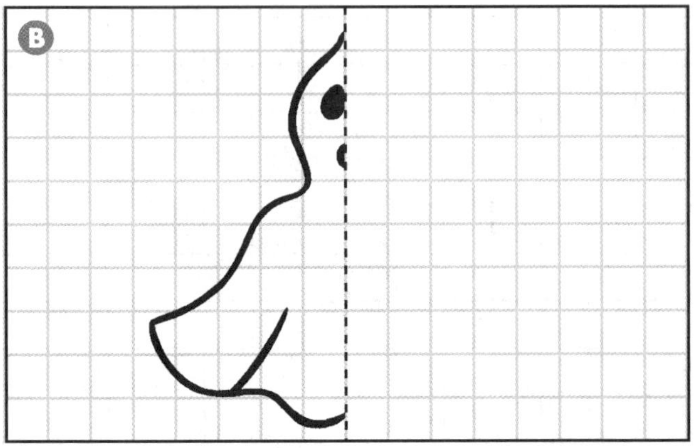

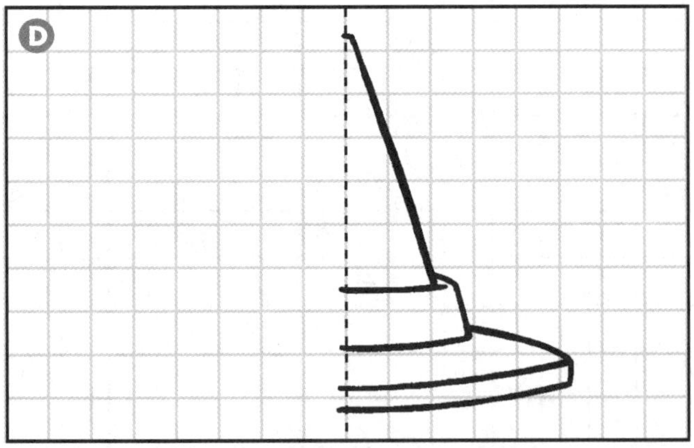

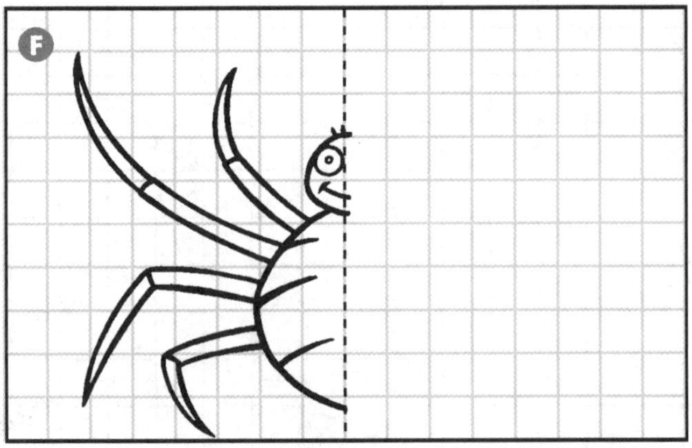

Compléter, à partir d'un axe de symétrie, la partie manquante d'un dessin simple. [Géométrie]

Axe de symétrie

Un axe de symétrie est un axe de réflexion situé à l'intérieur d'une figure symétrique.

Exemple :

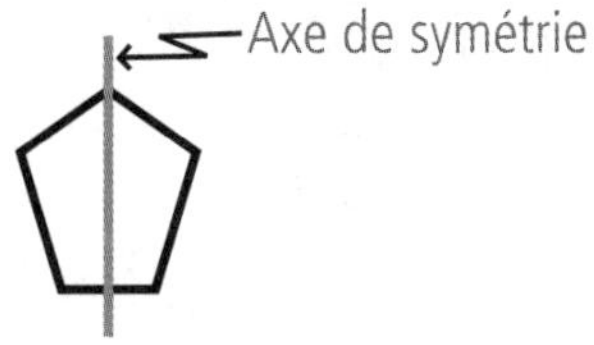

http://webcec.ca/h29/

Complète par symétrie le dessin du soleil.

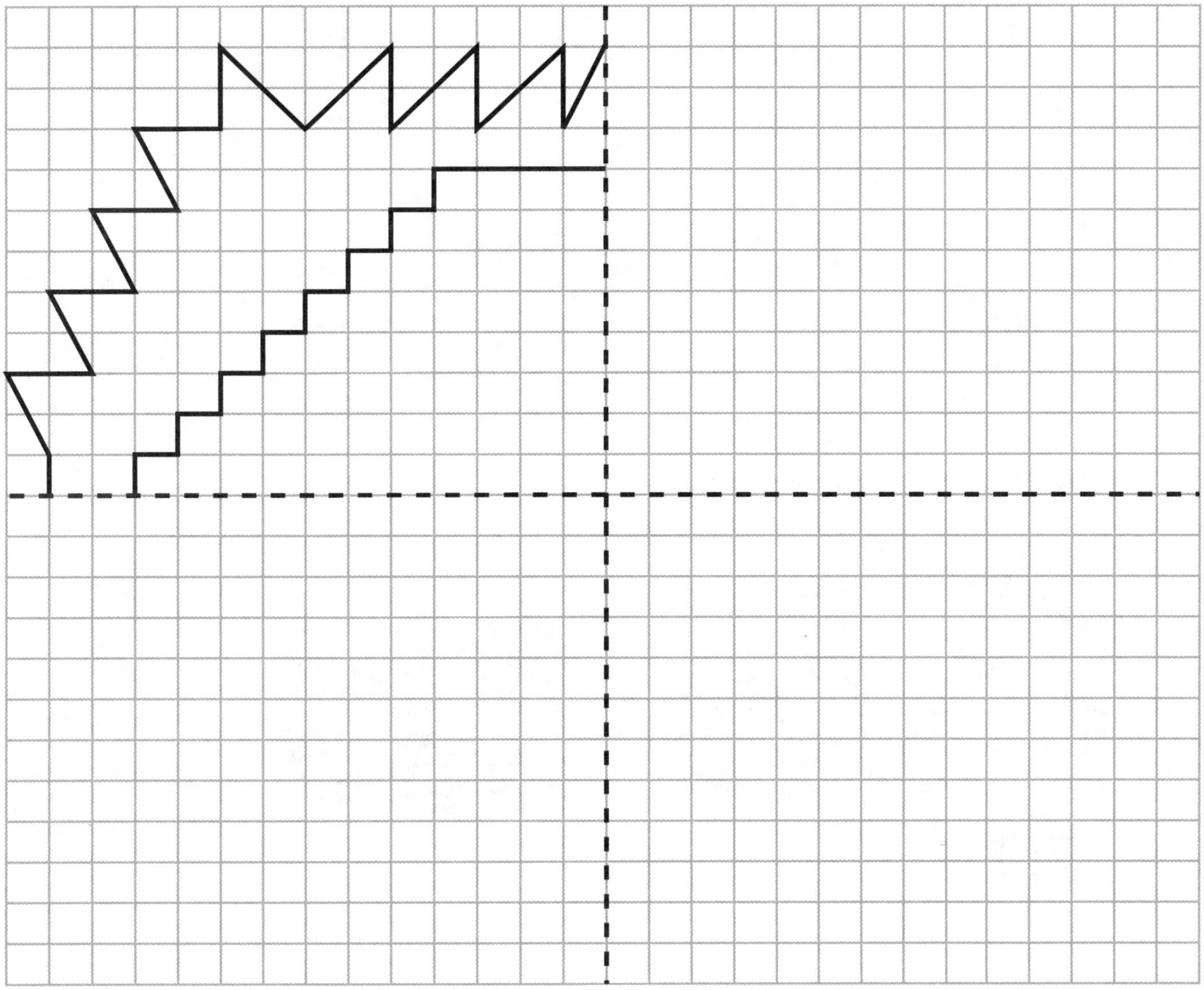

Axe de symétrie

Un axe de symétrie est un axe de réflexion situé à l'intérieur d'une figure symétrique.

Exemple :

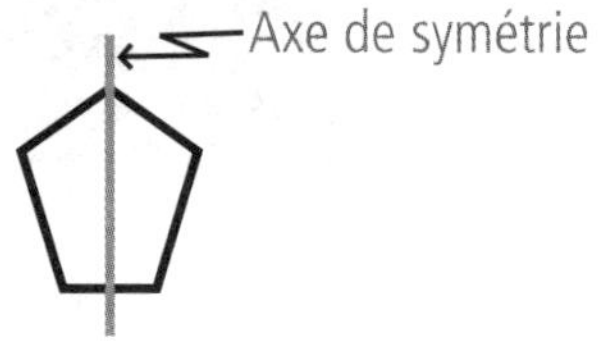

1 Colorie les chiffres qui sont symétriques et trace leur ou leurs axes de symétrie.

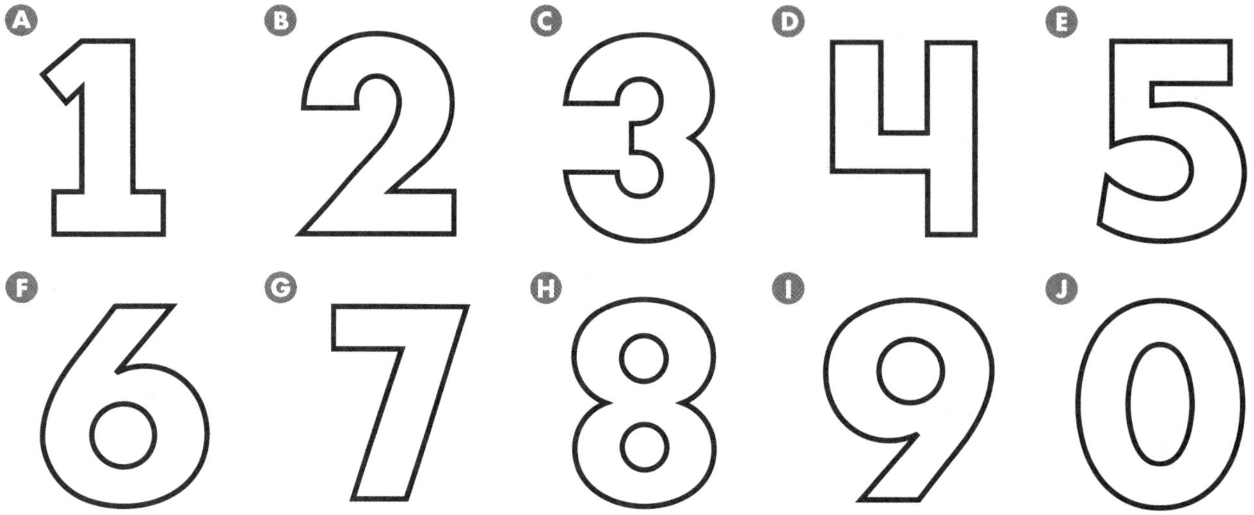

2 Colorie les objets qui sont symétriques et trace leur ou leurs axes de symétrie.

Axe de symétrie

Un axe de symétrie est un axe de réflexion situé à l'intérieur d'une figure symétrique.

Exemple :

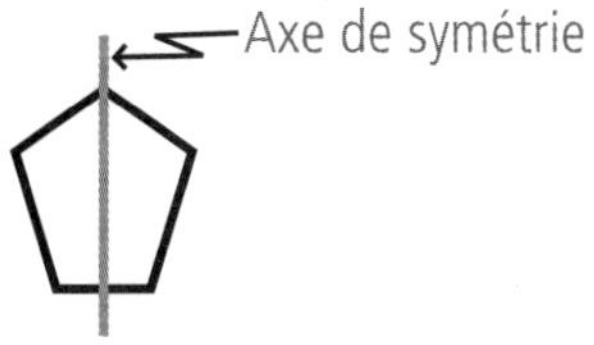

1 Trace l'axe ou les axes de symétrie des figures suivantes.

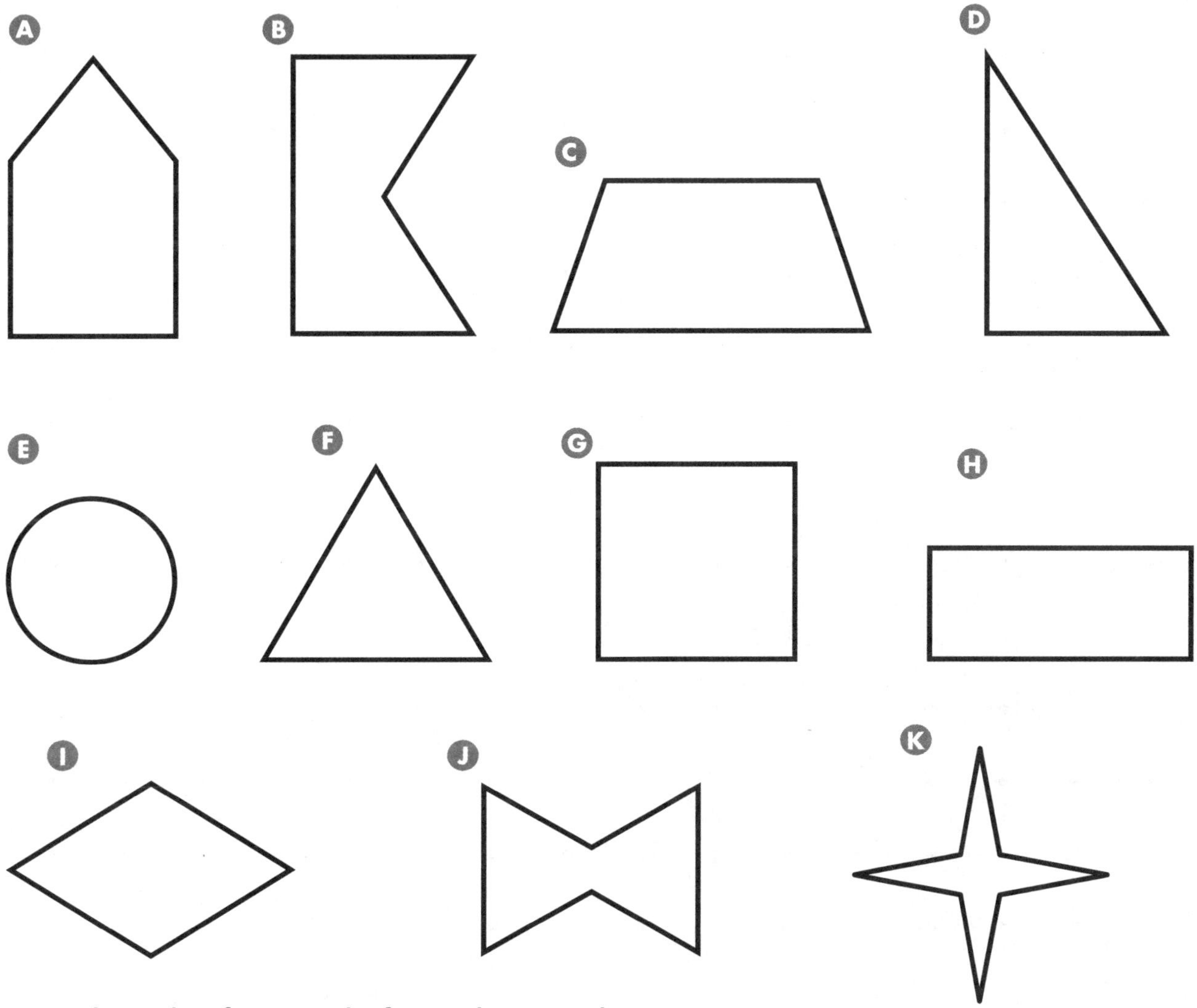

2 Colorie les figures de façon humoristique.
Tu peux leur donner l'aspect d'un objet connu ou d'un personnage.

Base d'une figure

a b c d e f g h i j k l m n o p q r s t u v w x y z

Base d'une figure

La base d'une figure est le côté sur lequel elle repose.

Exemples :

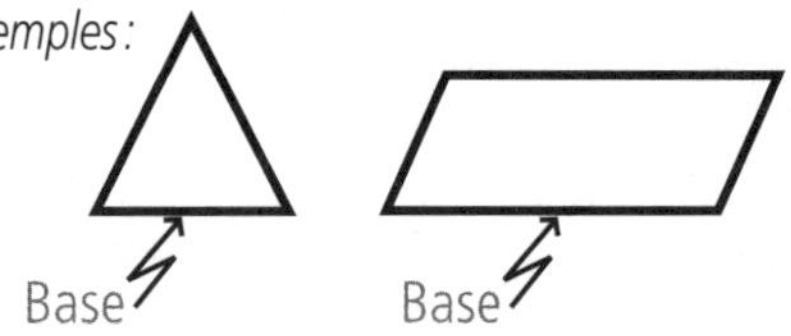

Lis les consignes au bas de la page.

A Dessine un rectangle de 5 cm de longueur sur 3 cm de largeur.

B Dessine un carré de 7 cm sur 7 cm.

C Dans le carré, trace un triangle dont la base mesure 2 cm.

D Dessine 2 autres triangles différents.

Boule

Une boule est un solide limité par une sphère.

Exemple : Boule 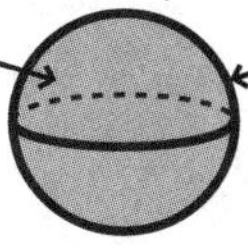 Sphère

http://webcec.ca/p38/

Observe ces objets que tu connais bien.

1 Écris le nom du solide représenté par chaque objet.

A 

B 

C 

D 

E 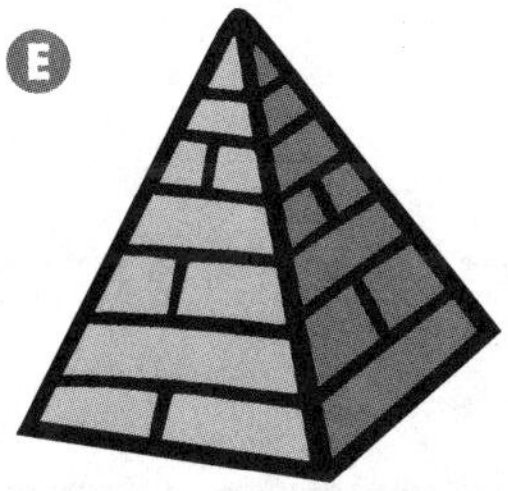

F 

G 

H 

2 Nomme les figures qui composent les solides indiqués.
Écris aussi le nombre de figures de chaque type qui composent le solide.

Le solide A : ____________________

Le solide C : ____________________

Le solide E : ____________________

Le solide G : ____________________

Le solide H : ____________________

a b c d e f g h i j k l m n o p q r s t u v w x y z

Centaine

Une centaine est un groupe de 100 unités. Il faut 10 dizaines pour faire 1 centaine.

Yann a reçu une lettre de son cousin. Il lui raconte la journée qu'il a passée à bord d'un bateau de pêche.

1 Voici le nombre de poissons que les pêcheurs ont capturés :

Combien de poissons ont été capturés en tout ?

2 Parmi tous ces poissons, un poisson indésirable s'est retrouvé dans le filet. Utilise le code secret pour découvrir le nom de ce poisson.

615	708	492	807	559	711	487	562
+ 345	+ 193	+ 119	+ 118	+ 226	+ 199	+ 285	+ 326

901 = N	960 = A	888 = E	785 = I
910 = L	925 = U	611 = G	772 = L

Réponse :

3 Après cette bonne journée, les pêcheurs ont soupé au restaurant.
Le prix du repas correspond au nombre pair parmi les produits ci-dessous.
Combien a coûté le repas ?

7 x 7 =	9 x 9 =	9 x 6 =
9 x 7 =	3 x 7 =	3 x 3 =
3 x 5 =	9 x 3 =	7 x 1 =

Réponse :

Centimètre

Le centimètre est une unité de mesure de longueur égale à un centième de mètre.

Exemple :

http://webcec.ca/y69/

a b c d e f g h i j k l m n o p q r s t u v w x y z

Choisis la bonne unité de mesure pour mesurer les objets suivants.
Trace un X au bon endroit.

Objet	Unités de mesure		
	m	dm	cm
A une balançoire			
B une tasse à mesurer			
C un sapin mature			
D un dé à jouer			
E une épingle			
F une maison			
G un voilier			
H une ampoule électrique			
I un comprimé de vitamines			
J un ongle			
K une bouteille			
L un élastique à cheveux			
M une route			
N un cabanon			
O un collier			

Choisir l'unité de mesure appropriée (mètre, décimètre, centimètre) pour mesurer la longueur d'un objet. [Mesure]

Centimètre

Le centimètre est une unité de mesure de longueur égale à un centième de mètre.

Exemple :

http://webcec.ca/y69/

Le printemps est à nos portes… La preuve, la marmotte est sortie aujourd'hui. Observe bien le trajet qu'elle a parcouru.

1 Mesure tous les segments en centimètres.

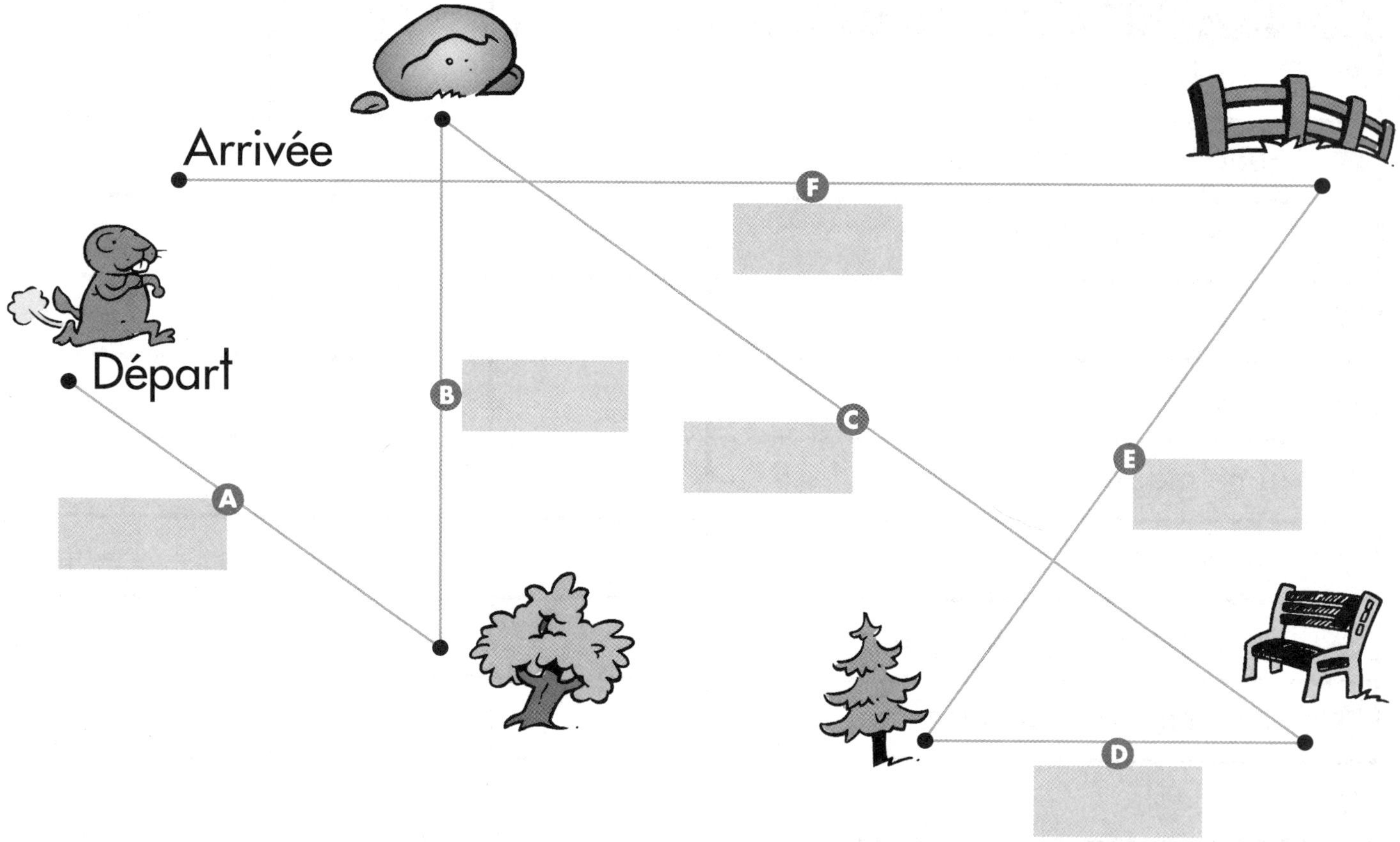

2 Combien de centimètres la marmotte a-t-elle parcourus aujourd'hui ?

3 Est-ce que ces mesures sont réalistes ?

Pourquoi ? ______________________________

4 Exprime, en décimètres, les mesures des segments C et F.

C ______ F ______

 Noter le résultat d'une mesure de longueur en centimètres et en décimètres. [Mesure]

Centimètre

Le centimètre est une unité de mesure de longueur égale à un centième de mètre.

Exemple : 1 cm

http://webcec.ca/y69/

Estime, en centimètres, la hauteur de chaque fleur, puis mesure-la.
Écris tes réponses dans le tableau.

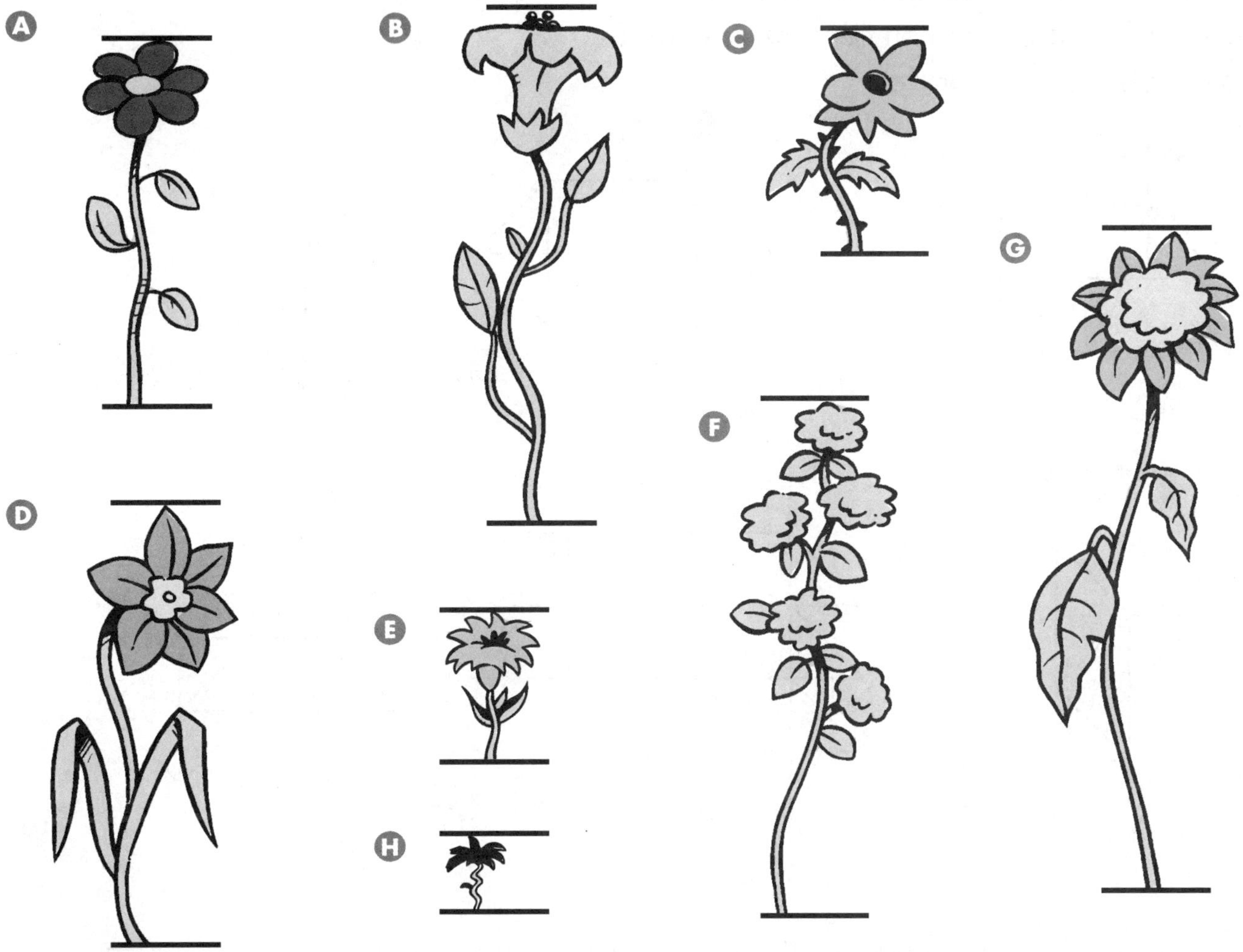

Fleur	Estimation (en cm)	Mesure (en cm)	Fleur	Estimation (en cm)	Mesure (en cm)
A			E		
B			F		
C			G		
D			H		

Centimètre carré

Centimètre carré

Symbole : cm^2

Le centimètre carré est une unité de mesure d'aire égale à celle d'un carré de 1 cm de côté.

Exemple : L'aire de ce carré est de 1 cm^2.

1 cm

1 cm

http://webcec.ca/w74/

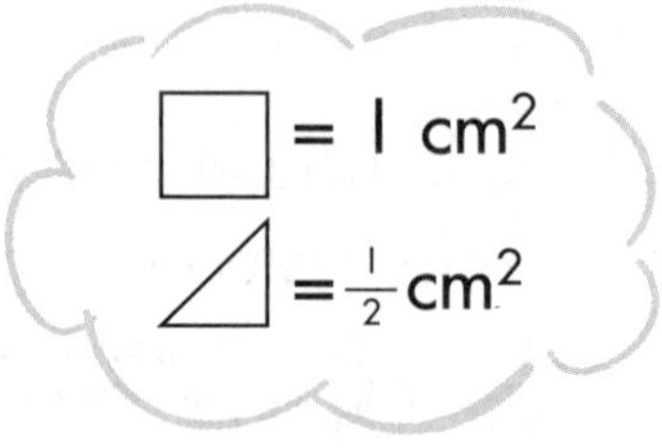

Voici des papiers pliés en forme d'oiseaux.
Trouve l'aire de chacun en centimètres carrés.
Tu peux ensuite les colorier.

1
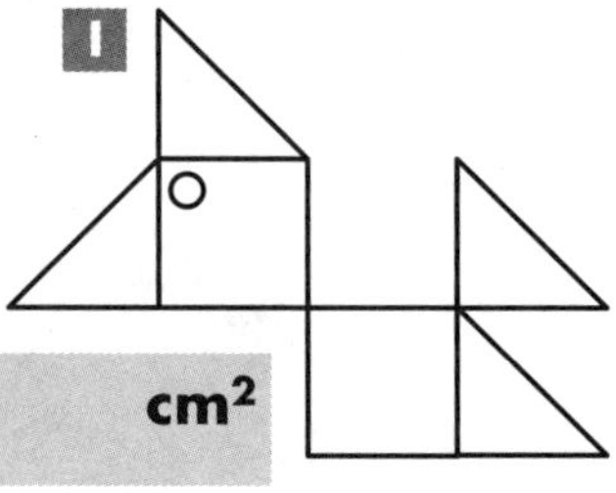
cm²

2
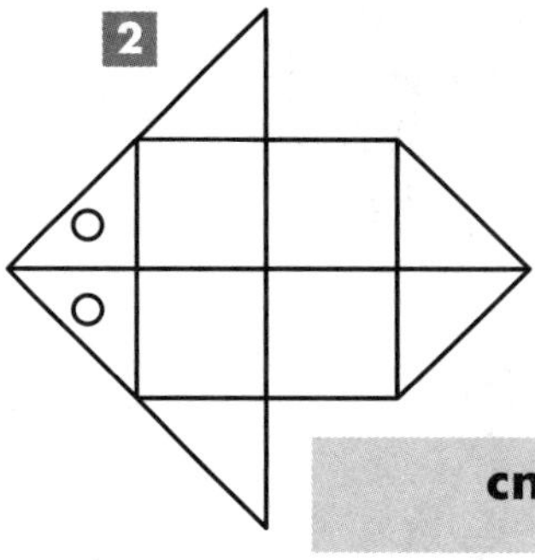
cm²

3
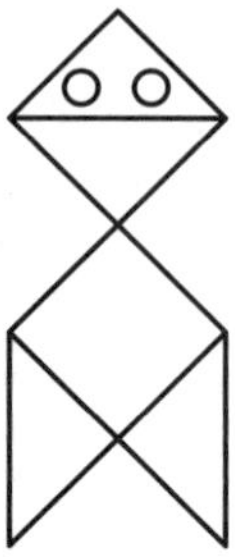
cm²

4
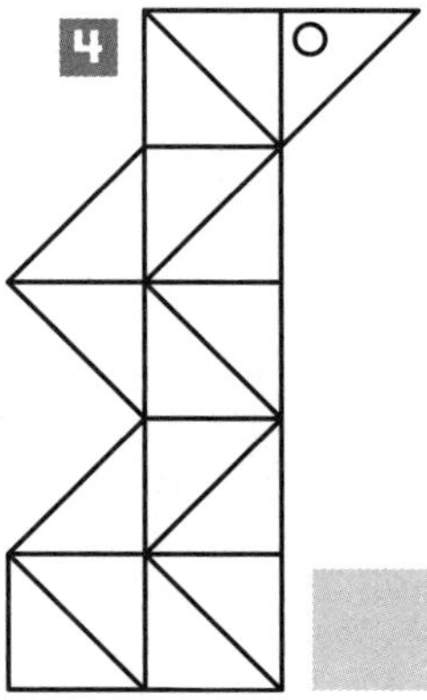
cm²

5
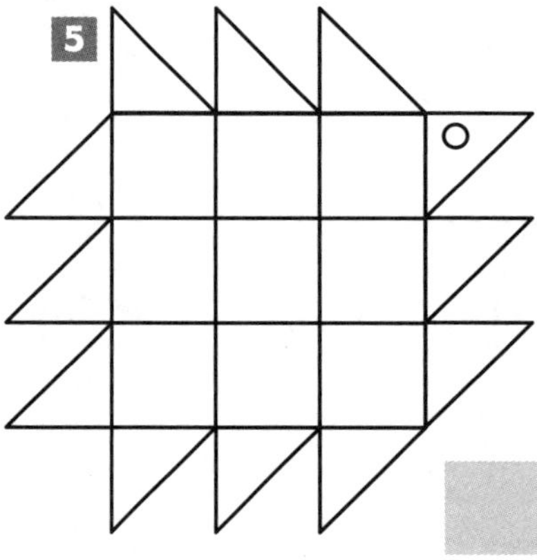
cm²

6
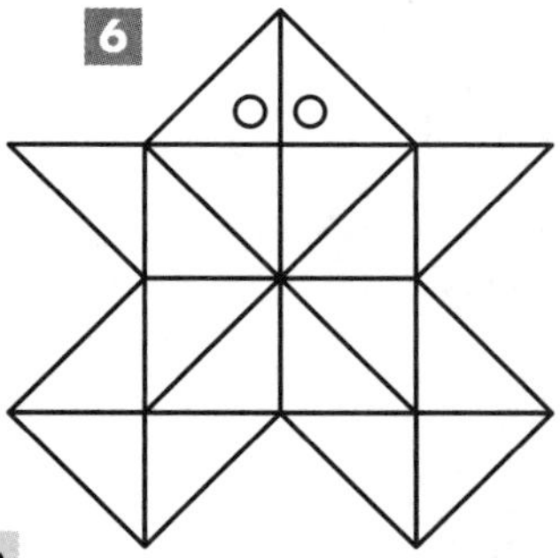
cm²

7
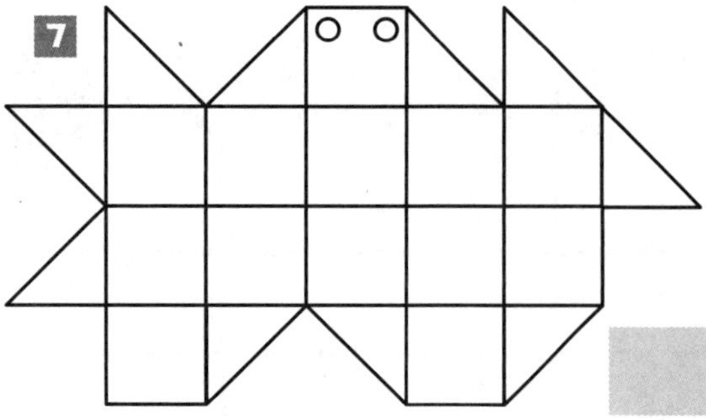
cm²

8
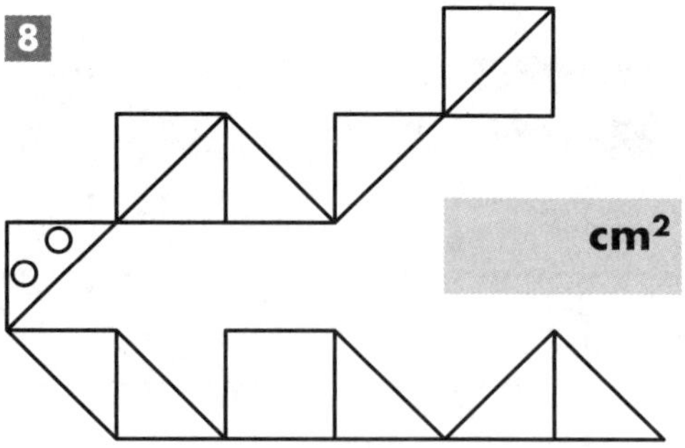
cm²

C Commutativité

Commutativité

La commutativité est une propriété d'une opération telle que l'addition ou la multiplication, qui permet de modifier l'ordre des termes sans changer le résultat.

Exemples : 1) $7 + 8 = 8 + 7 = 15$ 2) $6 \times 4 = 4 \times 6 = 24$

1 Complète cette table de multiplications.

X	2	7	3	6	0	1	5	8	4	9
1										
4									16	
5						5				
2										
8					0					
7		49								
3										
9										
6							30			
0										

2 Trouve les résultats des multiplications ci-dessous en tenant compte du code.

- **A** B x I = ____
- **B** A x F = ____
- **C** C x G = ____
- **D** B x J = ____
- **E** D x D = ____
- **F** B x B = ____
- **G** C x D = ____
- **H** J x J = ____
- **I** E x G = ____
- **J** E x J = ____
- **K** H x D = ____
- **L** E x H = ____
- **M** G x J = ____
- **N** B x H = ____
- **O** I x A = ____
- **P** E x E = ____

Code

A = 1	D = 7	H = 4
B = 3	E = 9	I = 6
C = 5	F = 0	J = 8
	G = 2	

Comparaison

Symboles usuels : > (… est plus grand que…), < (… est plus petit que…), = (… est égal à…)

En mathématique, la comparaison consiste à examiner deux ou plusieurs nombres afin de les ordonner ou de déterminer leur grandeur relative (...est plus grand que..., ...est plus petit que ..., ...est égal à...).

Lis bien les consignes et effectue les tâches indiquées.

1 Compte de 0 à 60, par bonds de 4.

____

2 Écris les nombres manquants.

A) 638, ______ , ______ , 641, ______ , 643, ______

B) 121, ______ , ______ , 124, ______ , 126, ______

C) 783, ______ , ______ , 786, ______ , 788, ______

D) 324, ______ , ______ , 327, ______ , 329, ______

3 Ajoute cinq termes à cette suite :

12, 15, 18, ______ , ______ , ______ , ______ , ______

4 Place ces nombres dans l'ordre décroissant :

295 306 294 726 627 492 603 595

____

5 Écris le symbole qui convient : > ou <.

A	394		943	G	596		369
B	625		652	H	443		334
C	138		183	I	118		181
D	279		729	J	299		229
E	101		171	K	808		818
F	113		103	L	663		652

Comparaison

Symboles usuels : > (… est plus grand que…), < (… est plus petit que…), = (… est égal à…)

En mathématique, la comparaison consiste à examiner deux ou plusieurs nombres afin de les ordonner ou de déterminer leur grandeur relative (...est plus grand que..., ...est plus petit que ..., ...est égal à...).

Compare les nombres en plaçant le bon symbole dans chaque goutte de pluie.

1	343		526
2	79		51
3	542		583
4	450		200 + 250
5	20 + 20		30 + 5
6	72		6 x 7
7	705 – 10		605 + 10
8	9 x 7		60 + 3
9	718		500 + 217
10	5 + 90 + 100		2 + 4 + 100 + 100
11	300 + 204		615
12	3 x 10		15 + 15
13	49 – 5		100 – 71
14	500		250 + 250
15	12 + 18 + 3		17 + 13 + 5
16	749		974
17	79		69
18	40 + 35		70 + 5
19	100 – 30		30 + 30 + 30
20	78		65 + 3
21	528 – 139		423 – 248
22	7 x 5		15 + 15 + 5
23	400 + 30		30 + 400

24	878		530 + 70 + 8
25	7 x 9		8 x 8
26	10 + 1		10 – 1
27	150 + 3		140 + 6
28	100 + 50 + 9		9 + 50 + 100
29	491 + 27		356 + 33
30	275 – 25		25 + 25 + 200
31	892		300 + 400
32	381 + 277		377 + 281
33	704 + 38		529 – 7
34	30 + 30 + 9		20 + 40 + 9
35	306 + 300		906
36	882 – 653		792 – 536
37	56 + 56		65 + 65
38	123 + 321		312 + 231
39	620 + 34		24 + 720
40	76 – 37		86 – 27
41	300 + 81		80 + 1 + 200
42	171 – 10		151 – 20
43	5 x 6		2 x 15
44	786		868
45	50 + 7 + 3		2 + 8 + 25
46	997 – 8		981 + 8

Comparer

Comparer est une action qui consiste à examiner deux ou plusieurs nombres afin de les ordonner ou de déterminer leur grandeur relative (...est plus grand que..., ...est plus petit que ..., ...est égal à...).

Aldo s'amuse à feuilleter des catalogues de Noël.
Il s'aperçoit que les jouets coûtent cher.

↙ ... est moins cher que ...

1 Compare les prix des jouets suivants.
Remplis le tableau en traçant des X aux bons endroits.

↙	45 $	38 $	26 $	41 $	117 $	108 $	142 $
45 $							
38 $							
26 $							
41 $							
117 $							
108 $							
142 $							

2 Aldo a découpé la page qui montre un superbe camion téléguidé. Il a trouvé une façon de payer le camion avec des billets de banque. Trouve 4 autres façons.

100 $	50 $	20 $	10 $	5 $	2 $	1 $	
1		1	1	1	2		= 139 $
							= 139 $
							= 139 $
							= 139 $
							= 139 $

 Comparer deux nombres. Composer et décomposer un nombre. [Numération]

C Complémentaires (jusqu'à 20)

Complémentaires (jusqu'à 20)

Mémoriser les complémentaires des nombres de 0 à 20 facilite l'addition et la soustraction.

Voici un petit défi à ta hauteur.
Calcule les sommes et les différences le plus vite possible.
Note le temps qu'il t'a fallu. Bon travail !

TEMPS : _____ min

1. 9 + 7 =
2. 13 − 6 =
3. 15 − 7 =
4. 8 + 5 =
5. 9 + 3 =
6. 16 − 8 =
7. 15 − 2 =
8. 9 + 9 =
9. 12 − 10 =
10. 7 + 7 =
11. 0 + 13 =
12. 14 − 7 =
13. 17 − 3 =
14. 19 − 10 =
15. 8 + 9 =
16. 15 − 6 =
17. 18 − 9 =
18. 10 + 5 =
19. 8 + 5 =
20. 9 + 7 =
21. 15 − 5 =
22. 10 − 7 =
23. 12 + 4 =
24. 13 − 11 =
25. 19 − 9 =
26. 0 + 16 =
27. 15 − 4 =
28. 16 − 7 =
29. 10 + 3 =
30. 14 − 9 =
31. 16 − 11 =
32. 15 + 2 =
33. 19 − 3 =
34. 16 − 9 =
35. 8 + 4 =
36. 11 − 7 =
37. 12 − 6 =
38. 16 − 2 =
39. 4 + 11 =
40. 19 − 13 =
41. 11 − 3 =
42. 6 + 8 =
43. 14 − 8 =
44. 7 + 8 =
45. 16 − 6 =
46. 10 − 5 =
47. 0 + 11 =
48. 15 − 4 =
49. 12 + 5 =
50. 16 − 10 =

Additionner et soustraire mentalement des nombres dont la somme ou la différence est inférieure ou égale à 18. [Opérations]

C Compter par bonds

Compter par bonds

Compter par bonds consiste à compter en respectant un certain intervalle d'un nombre déterminé.

Exemple : Compter par bonds de 3 de 0 à 30 revient à compter ainsi :

0, 3, 6, 9, 12, 15, 18, 21, 24, 27, 30.

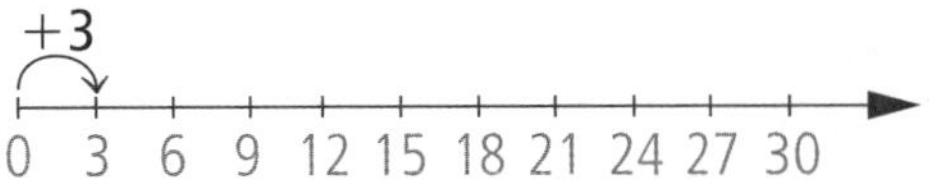

Suis bien les consignes et tu découvriras le nombre qui se cache dans la grille. Entoure :

1. Tous les nombres compris entre 40 et 50.
2. Les nombres compris entre 14 et 44, par bonds de 10.
3. Les nombres compris entre 63 et 71.
4. Les nombres compris entre 65 et 100 et qui se terminent par 5.
5. Les nombres qui ont un 1 à la position des dizaines.
6. Les nombres compris entre 42 et 100 et qui ont un 2 à la position des unités.
7. Tous les nombres qui ont (3 + 6) à la position des dizaines.
8. Les nombres compris entre 29 et 40.
9. Tous les nombres compris entre 0 et 10.

45	11	91	69	82	34	14	64
52	65	32	49	5	98	42	97
37	41	2	4	85	35	30	72
17	13	36	63	16	75	39	47
96	68	3	94	6	44	12	93
24	31	26	48	62	7	33	67
1	18	43	92	9	70	99	46
71	95	38	66	90	8	15	19

Le nombre caché est :

Contour

Le contour est la limite extérieure d'une figure plane. On peut aussi parler de périmètre.

Exemple : Contour

http://webcec.ca/b22/

Nathan et son amie Nori ont dessiné des sapins de Noël. Nathan affirme que son arbre a un plus grand contour que celui de Nori. Est-ce vrai ?

Sapin de Nathan Sapin de Nori

A Calcule, en centimètres, le périmètre (le contour) de chaque arbre.

L'arbre de Nathan : L'arbre de Nori :

B Quel arbre a le plus grand périmètre ?

C Exprime, en décimètres, le périmètre de l'arbre de Nathan :

D Décore ces arbres à ton goût.

a b c d e f g h i j k l m n o p q r s t u v w x y z

Contour

Le contour est la limite extérieure d'une figure plane. On peut aussi parler de périmètre.

Exemple : Contour

http://webcec.ca/b22/

C'est la Saint-Valentin !
Dessine une carte pour une personne que tu aimes.
Attention ! Tu dois respecter les consignes suivantes :

1 Contour de la carte :
- 14 cm de hauteur
- 1 dm de largeur

2 Sur la carte :
- 1 grand cœur d'environ 6 cm de hauteur
- 2 petits cœurs d'environ 2 cm de hauteur

Coordonnée

Les coordonnées d'un point sont un couple de symboles (chiffre, lettre) qui permettent de situer ce point dans le plan.

Exemple :

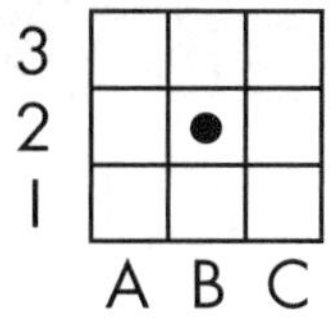

Les coordonnées du point sont (B, 2).

http://webcec.ca/n39/

Voici une activité pour toi.

1

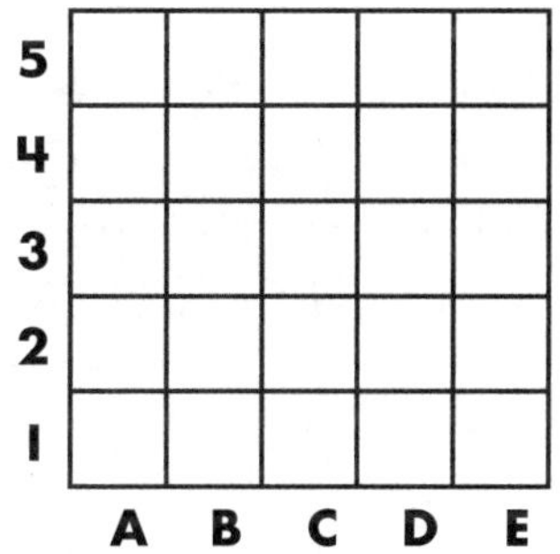

Noircis : (A, 2) (B, 2) (C, 2) (D, 2) (E, 2) (B, 3) (B, 4) (C, 3) (C, 4) (D, 3) (D, 4)

Tu obtiens :

2

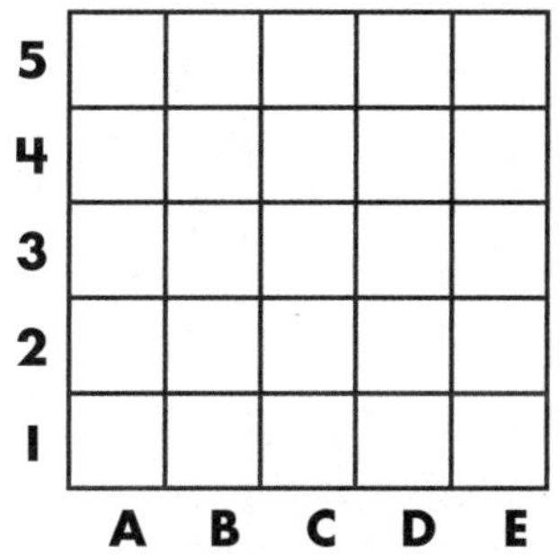

Noircis : (B, 1) (C, 1) (D, 1) (B, 2) (B, 3) (C, 3) (D, 3) (B, 4) (B, 5) (C, 5) (D, 5)

Tu obtiens :

3

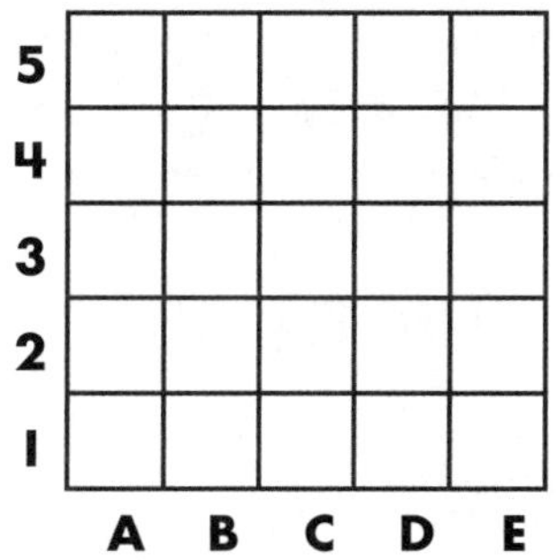

Noircis : (A, 2) (B, 1) (B, 4) (C, 1) (C, 3) (D, 1) (D, 4) (E, 2)

Tu obtiens :

4

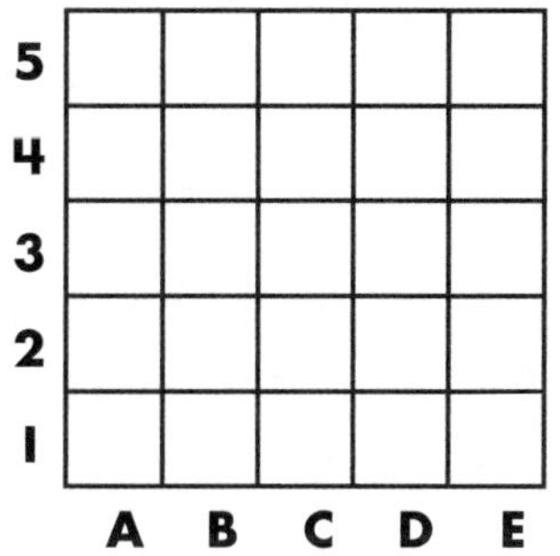

Noircis : (A, 2) (A, 4) (B, 1) (B, 3) (B, 5) (C, 2) (C, 4) (D, 1) (D, 3) (D, 5) (E, 2) (E, 4)

Tu obtiens :

Coordonnée

Les coordonnées d'un point sont un couple de symboles (chiffre, lettre) qui permettent de situer ce point dans le plan.

Exemple :

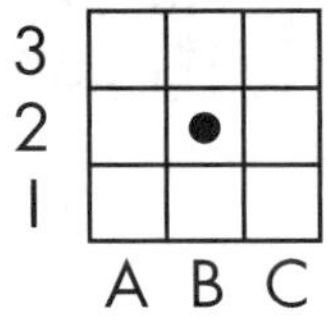

Les coordonnées du point sont (B, 2).

http://webcec.ca/n39/

À l'aide des coordonnées fournies, découvre les lettres qui formeront un message mathématique.

9	A	L	M	E	J	G	O	C	P	N	R	W	F	T	O	C	M
8	I	E	P	S	U	A	X	Q	S	B	L	I	S	J	Q	R	E
7	D	Q	O	H	V	T	D	L	J	X	Z	H	U	D	V	I	T
6	F	N	F	C	K	R	Y	Z	Y	M	E	Y	W	S	A	Y	G
5	L	A	R	M	X	B	O	G	N	D	Z	N	B	Q	W	P	K
4	H	K	D	T	N	W	S	A	U	I	V	Z	X	J	F	V	B
3	C	O	U	J	C	V	I	P	T	Y	G	C	Z	O	W	H	R
2	G	E	G	S	M	T	X	Y	D	K	Z	N	Q	M	B	Z	L
1	B	P	Q	E	L	K	F	X	P	U	A	R	I	G	V	F	H
	A	**B**	**C**	**D**	**E**	**F**	**G**	**H**	**I**	**J**	**K**	**L**	**M**	**N**	**O**	**P**	**Q**

(M, 7) (J, 9) (P, 5) (G, 5) (H, 7) (G, 6) (Q, 8) (J, 5) (L, 1) (D, 1) (B, 2) (M, 8) (I, 3)

____

(C, 3) (E, 4) (D, 8) (B, 3) (Q, 2) (A, 8) (N, 7) (D, 1) (A, 7) (N, 3) (E, 4) (N, 9)

____

(F, 7) (O, 9) (E, 8) (Q, 7) (B, 2) (M, 8) (E, 1) (D, 1) (I, 8)

____

(C, 6) (F, 8) (L, 3) (K, 6) (N, 6) (D, 2) (G, 5) (E, 4) (F, 7)

____

(I, 9) (Q, 2) (B, 5) (E, 4) (K, 6) (D, 2) .

____

Coordonnée

Les coordonnées d'un point sont un couple de symboles (chiffre, lettre) qui permettent de situer ce point dans le plan.

Exemple :

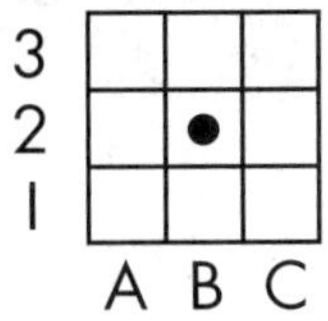

Les coordonnées du point sont (B, 2).

http://webcec.ca/n39/

À l'aide des coordonnées fournies, découvre les lettres qui forment les mots secrets.

6	M	K	R	H	J	W	V	O	D
5	F	E	P	M	T	A	C	Y	G
4	X	I	L	B	V	Z	B	U	J
3	A	O	D	Q	G	A	P	W	Z
2	E	K	R	S	U	L	X	I	B
1	S	N	Y	F	N	C	H	Q	T
	A	**B**	**C**	**D**	**E**	**F**	**G**	**H**	**I**

1 (E, 6) (A, 3) (G, 5) (H, 2) (E, 1) (E, 5) (D, 6) (B, 5)

____

2 (I, 1) (H, 4) (F, 2) (B, 4) (G, 3) (A, 2)

____

3 (H, 6) (C, 2) (F, 1) (G, 1) (B, 4) (I, 6) (B, 5) (A, 2)

____

4 (B, 1) (A, 3) (C, 2) (G, 5) (H, 2) (D, 2) (A, 1) (B, 5)

____

5 (D, 5) (A, 3) (C, 2) (E, 3) (H, 4) (B, 5) (C, 2) (H, 2) (E, 5) (A, 2)

____

Côté

Dans une figure, un côté est un segment de droite qui forme la frontière de cette figure.

Exemple :

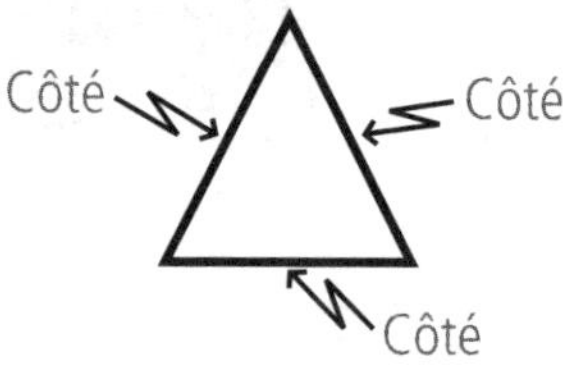

http://webcec.ca/y29/

Voici plusieurs figures. Classe-les dans le tableau selon le nombre de côtés qu'elles ont. Écris la lettre de la figure.

3 côtés	4 côtés	5 côtés	6 côtés	7 côtés	8 côtés et plus

Comparer différentes figures planes. [Géométrie]

Dallage

Un dallage est le recouvrement complet d'une surface par des figures planes sans espace vide et sans superposition de figures.

Exemples :

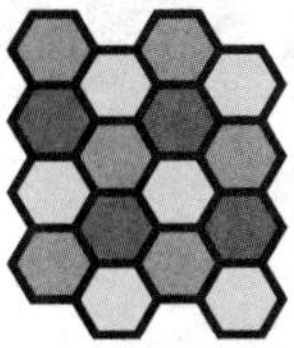

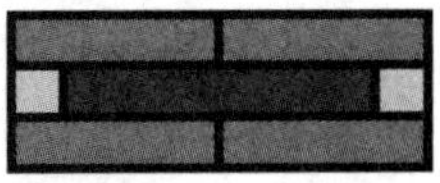

Amuse-toi à compléter ce dallage. Tu peux ensuite le colorier.

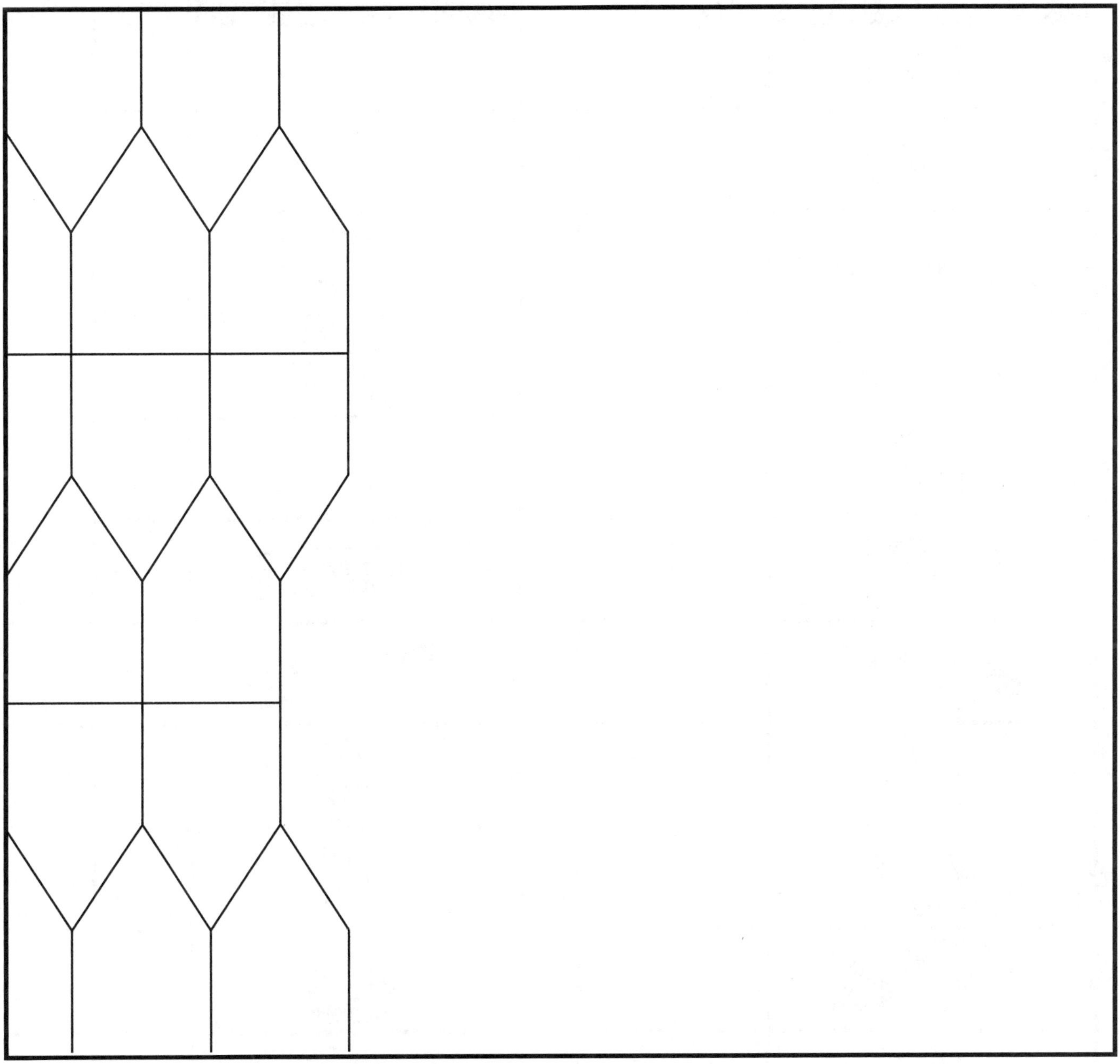

Couvrir le plan à l'aide de figures géométriques (dallage). [Géométrie]

Décimètre

Le décimètre est une unité de mesure de longueur égale à un dixième de mètre.

Exemple :

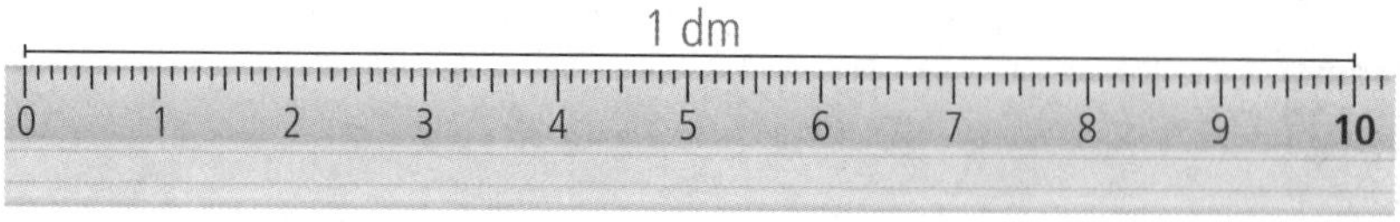

http://webcec.ca/y69/

Faut-il utiliser le mètre ou le décimètre pour mesurer ces objets? Fais un X dans la bonne colonne.

	Objet	m	dm
A			
B			
C			
D			
E			
F			
G			
H			
I			
J			
K			

	Objet	m	dm
L			
M			
N			
O			
P			
Q	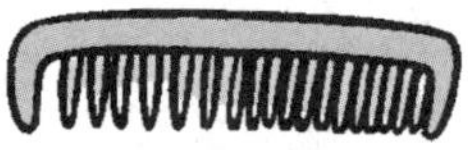		
R			
S			
T	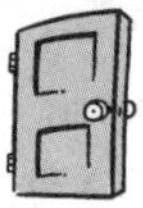		
U			
V			

Choisir l'unité de mesure la plus appropriée (mètre, décimètre, centimètre) pour mesurer la longueur d'un objet. [Mesure]

D Décimètre

Décimètre

Le décimètre est une unité de mesure de longueur égale à un dixième de mètre.

Exemple :

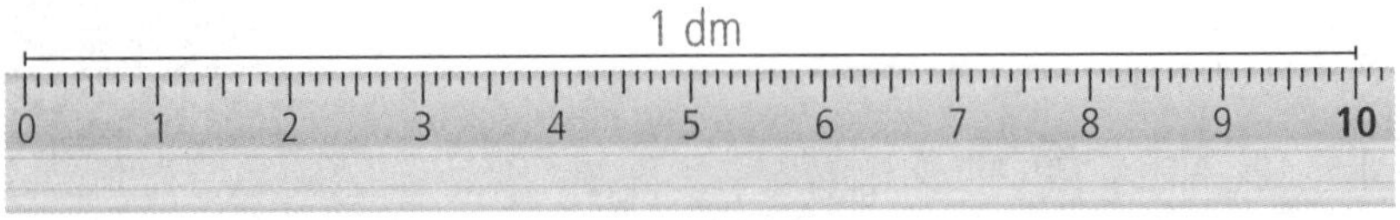

http://webcec.ca/y69/

Lis chaque énoncé. Indique s'il est vrai ou faux.

Objet mesuré	Vrai ou faux ?
1 Un poteau électrique peut mesurer 5 dm.	
2 La hauteur d'une boîte aux lettres est de 1 cm.	
3 La longueur d'un crayon est de 13 cm.	
4 Un enfant peut mesurer 1 m.	
5 La hauteur d'un sapin est de 15 cm.	
6 La hauteur d'un champignon est de 4 cm.	
7 La largeur d'une feuille mobile est de 21 cm.	
8 Un canard peut mesurer 30 cm de longueur.	
9 Une clé peut mesurer 6 cm de longueur.	
10 Une banane peut mesurer 17 cm de longueur.	
11 La hauteur d'une salière est de 1 dm.	
12 La longueur d'une automobile est de 3 dm.	
13 La largeur d'un yo-yo est de 5 dm.	
14 La largeur d'une télécommande est de 2 m.	
15 La largeur d'une horloge est de 25 cm.	
16 L'épaisseur d'une vidéocassette est d'environ 2 cm.	
17 La longueur d'une brosse à dents est d'environ 6 dm.	

Choisir l'unité de mesure la plus appropriée (mètre, décimètre, centimètre) pour mesurer un objet. [Mesure]

Décomposition d'un nombre

a b c d e f g h i j k l m n o p q r s t u v w x y z

Décomposition d'un nombre

La décomposition d'un nombre est la représentation d'un nombre sous la forme d'une somme de termes ou d'un produit de facteurs.

Exemples : Le nombre 12 425 peut, entre autres, être décomposé comme ceci :

$12\,425 = 10\,000 + 2000 + 400 + 20 + 5$

$12\,425 = 1 \times 10^4 + 2 \times 10^3 + 4 \times 10^2 + 2 \times 10^1 + 5 \times 10^0$

$12\,425 = 25 \times 497$

http://webcec.ca/a99/

Décompose ou recompose les nombres indiqués. Utilise tous les espaces. Le premier exercice a été fait pour toi.

1

a) 239 = **200** + **30** + **9**

b) 526 = ____ + ____ + ____

c) 192 = ____ + ____ + ____ + ____

d) 731 = ____ + ____ + ____ + ____ + ____

e) 478 = ____ + ____ + ____

f) 672 = ____ + ____ + ____ + ____ + ____ + ____

g) 1183 = ____ + ____ + ____ + ____

h) 1789 = ____ + ____ + ____ + ____ + ____ + ____

i) 345 = ____ + ____ + ____ + ____

j) 3257 = ____ + ____ + ____ + ____ + ____

2

a) 600 + 40 + 3 = ☐

b) 900 + 30 + 30 + 2 = ☐

c) 700 + 100 + 25 + 25 + 1 = ☐

d) 3 + 70 + 1000 = ☐

e) 150 + 15 + 150 + 15 + 8 = ☐

f) 50 + 2000 + 3 + 5 = ☐

g) 600 + 4 + 70 = ☐

h) 1000 + 9 + 30 + 100 + 20 = ☐

i) 5 + 100 + 300 + 200 = ☐

j) 80 + 700 + 7 = ☐

D Degré Celsius

Degré Celsius

Symbole : °C

Un degré Celsius est une unité de mesure de la température dans le système métrique.

L'eau bout à 100 °C (point d'ébullition ou de vaporisation) et gèle à 0 °C (point de congélation ou de solidification).

Voici plusieurs thermomètres. Indique sur chacun la température de ton choix. (Colorie le mercure en rouge.) Compose ensuite des questions sur les degrés qu'indiquent les thermomètres. Demande à un ami ou une amie de répondre à tes questions.

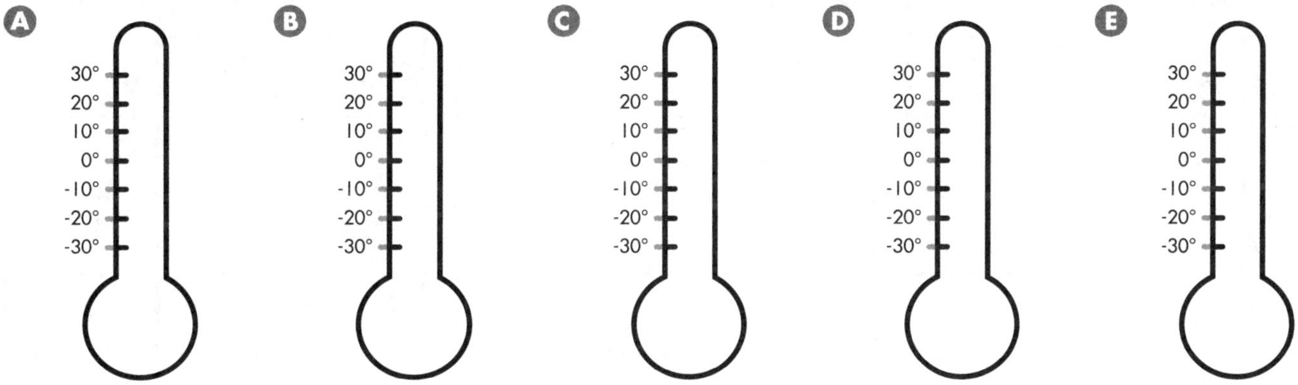

Questions

1

Réponse :

2

Réponse :

3

Réponse :

4

Réponse :

Diagramme à bandes
Dans un diagramme à bandes, les données sont représentées à l'aide de bandes verticales ou horizontales.

http://webcec.ca/n35/

Complète le diagramme à bandes qui représente les quantités de fruits indiquées dans les tableaux. Tu peux colorier les bandes.

	Fruit	Quantité
	banane	44
	pomme	15
	poire	28
	orange	30
	kiwi	0
	pêche	34

	Fruit	Quantité
	ananas	18
	prune	0
	cantaloup	41
	citron	20
	melon	47
	nectarine	0

	Fruit	Quantité
	pamplemousse	39
	clémentine	24
	fraise	37
	bleuet	45
	framboise	19
	raisin	22

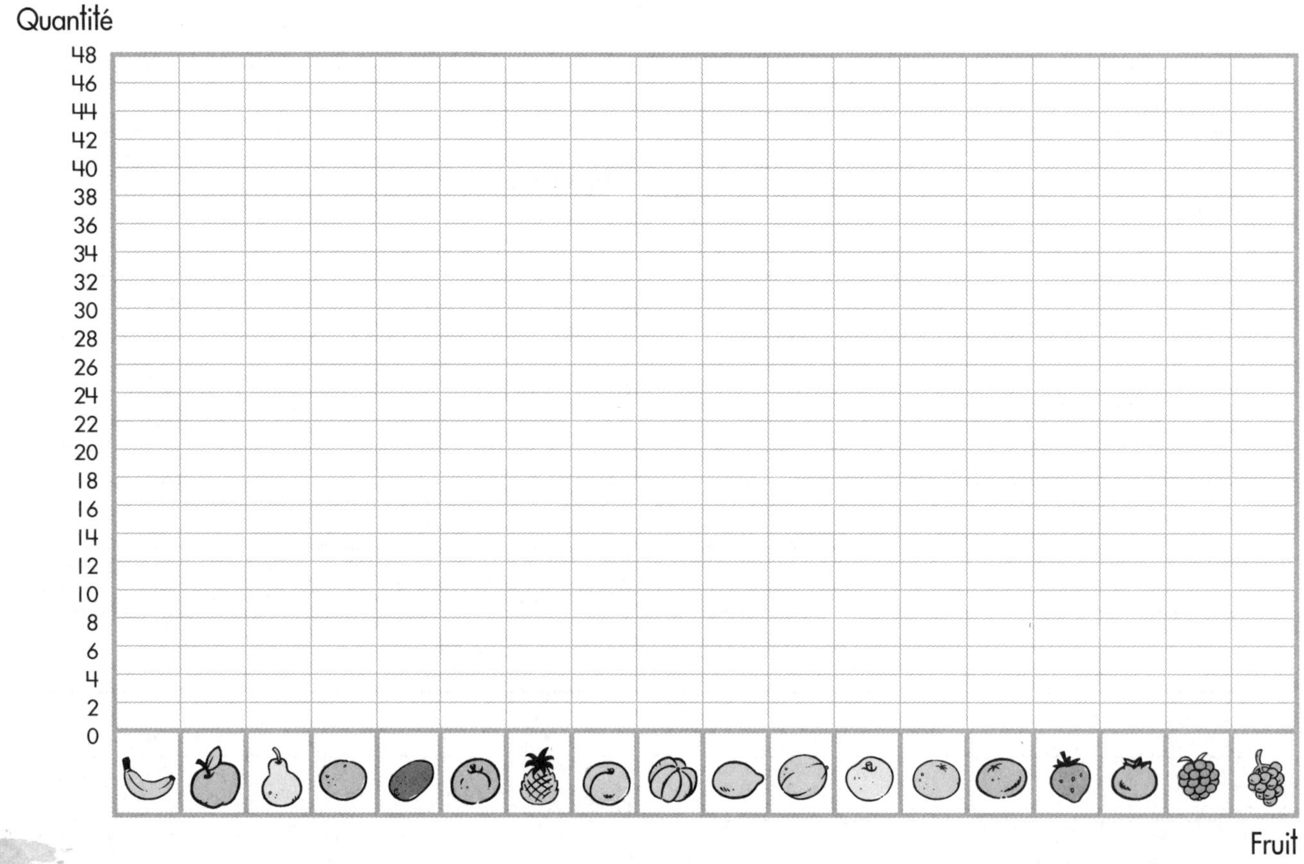

Droite numérique

Une droite numérique est une droite graduée au moyen de nombres.

Exemple :

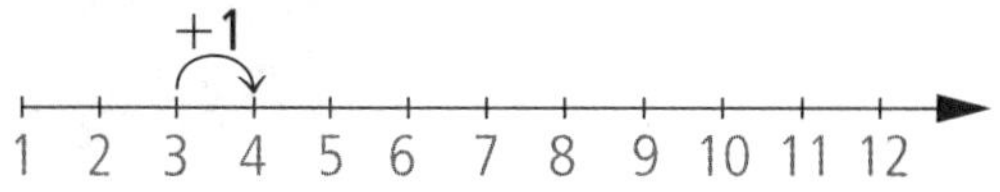

http://webcec.ca/j39/

Voici de petits jeux mathématiques.

1 Place en ordre croissant les nombres de chaque série.

Ⓐ 57, 97, 37, 87, 47, 77

Ⓑ 123, 321, 113, 221, 231, 331

Ⓒ 542, 245, 425, 762, 627, 726

Ⓓ 889, 998, 887, 987, 886, 986

2 Place les nombres suivants sur la droite numérique.

150 475 605 500 700

100 230 280 900 1050

3 Arrondis les nombres suivants à la centaine près.

Ⓐ 469 Ⓔ 678 Ⓘ 1236

Ⓑ 713 Ⓕ 548 Ⓙ 6579

Ⓒ 1070 Ⓖ 103 Ⓚ 2303

Ⓓ 221 Ⓗ 441 Ⓛ 992

4 Relie chaque nombre à l'ensemble correspondant.

671 •

459 •

723 •

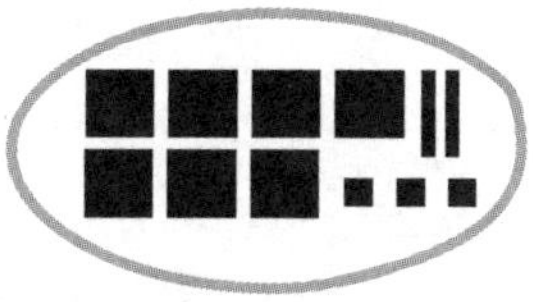

Droite numérique

Une droite numérique est une droite graduée au moyen de nombres. Sur une droite numérique, les nombres sont placés dans l'ordre croissant et se lisent de gauche à droite.

Exemple :

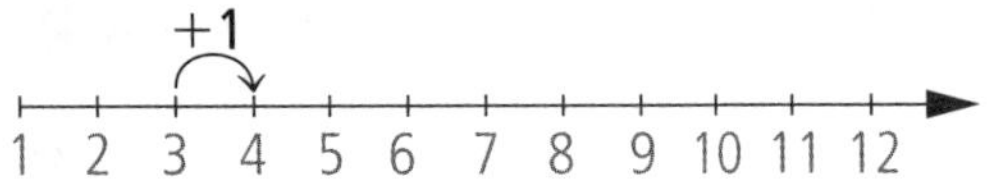

http://webcec.ca/j39/

Henri est né le 29 février 1988. C'était une année bissextile. Henri célèbre donc son « vrai » anniversaire tous les quatre ans seulement ! Sur la ligne du temps, situe ces événements de la vie de Henri :

- Naissance de Henri : 1988
- Première communion : 1996
- Accident de bicyclette : 1995
- Médaille en karaté : 1998
- 12e anniversaire de naissance : 2000
- Entrée à la maternelle : 1993
- Voyage à Disneyworld avec ses parents : 1999

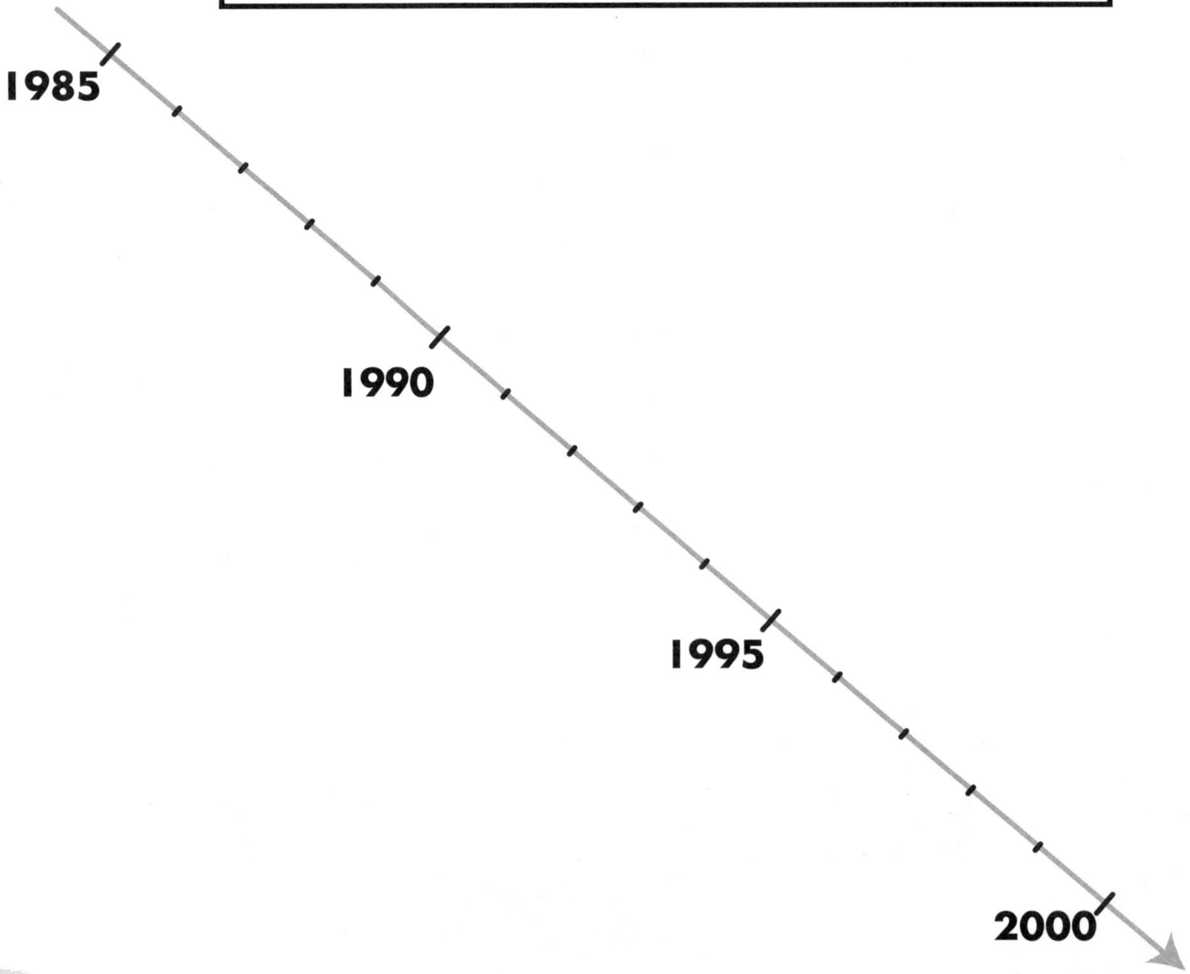

 Identifier le rang d'un nombre dans un ensemble de nombres donnés. [Numération]

Face

Une face est une surface plane ou courbe délimitée par des arêtes.

Exemple : Le cube a 6 faces.

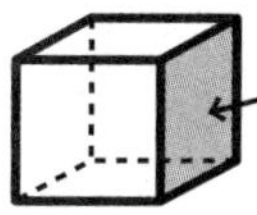

http://webcec.ca/p38/

Voici des décorations qui ont la forme de solides géométriques.
Observe bien ces solides.

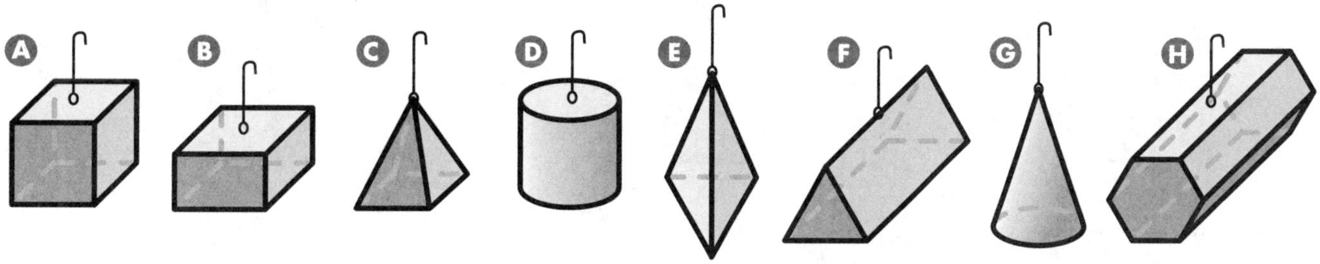

Compare les solides indiqués. Trouve-leur une ressemblance et une différence.

	Solides	Ressemblance	Différence
1	A et C		
2	A et F		
3	B et C		
4	F et H		
5	D et G		
6	B et E		
7	C et F		
8	C et H		
9	B et H		
10	C et E		

a b c d e f g h i j k l m n o p q r s t u v w x y z

Face

Une face est une surface plane ou courbe délimitée par des arêtes.

Exemple : Le cube a 6 faces.

http://webcec.ca/p38/

Relie chaque solide à l'ensemble des figures qui le composent.

A

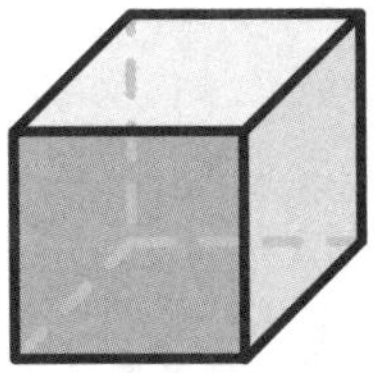

B

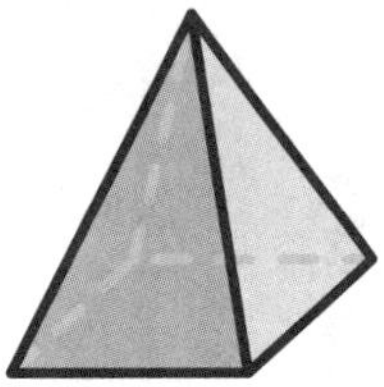

C

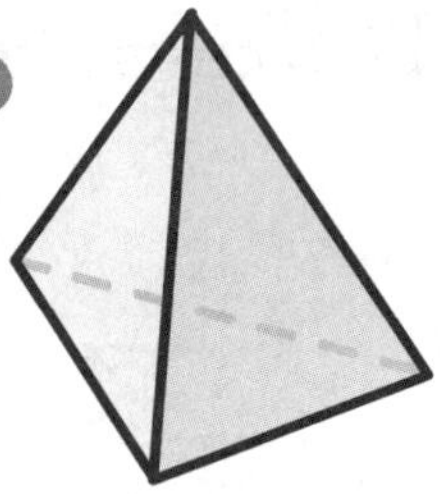

D

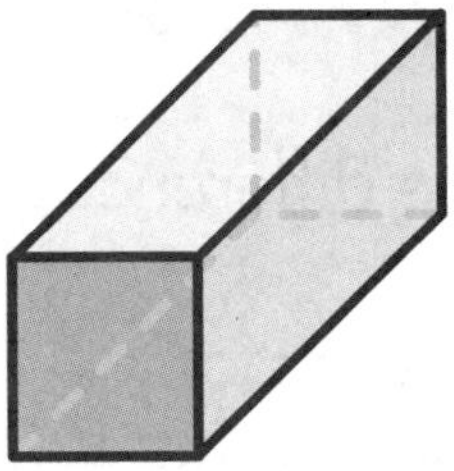

E

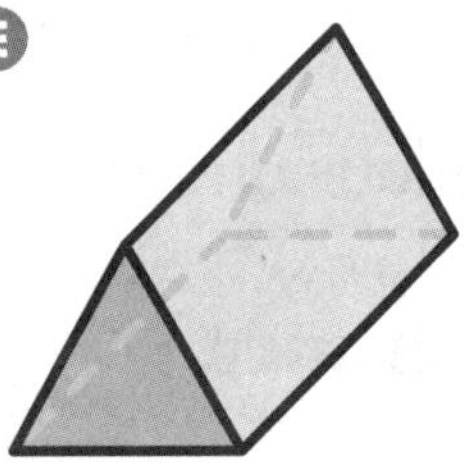

F

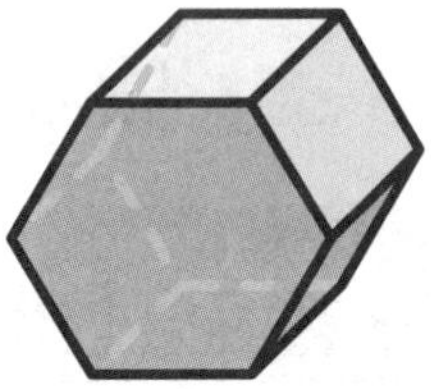

1

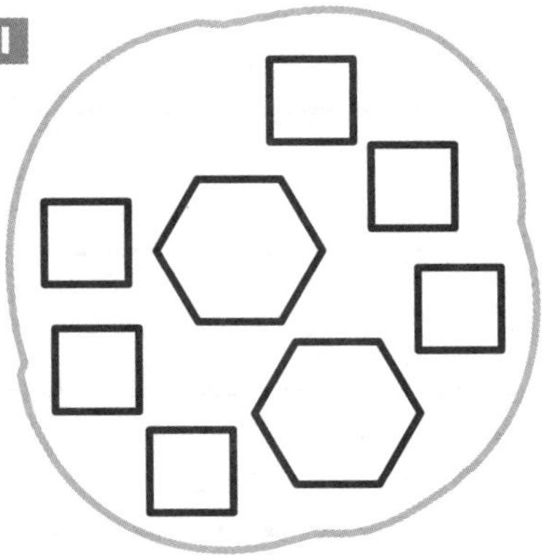

2

3

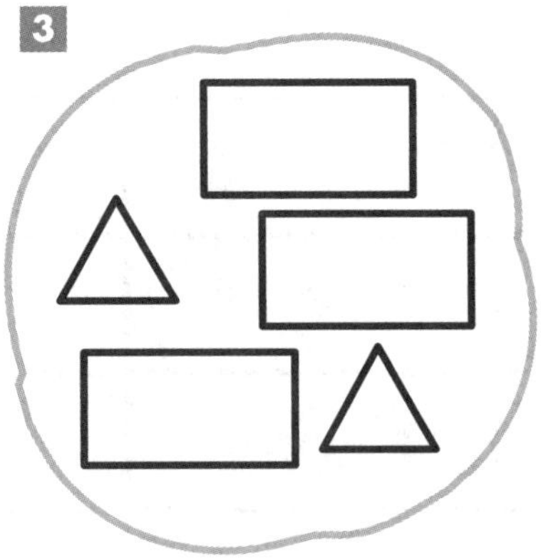

4

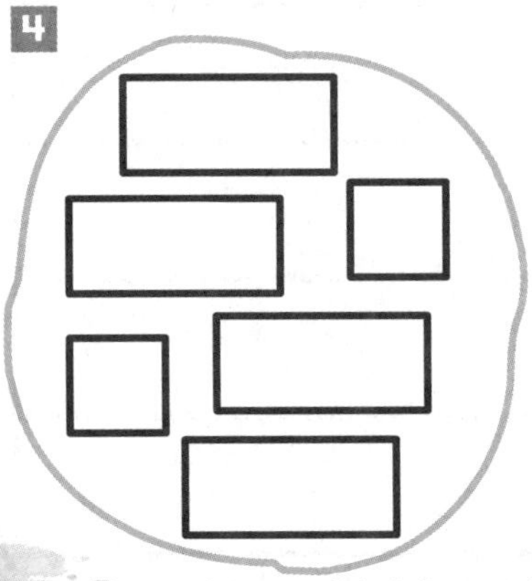

5

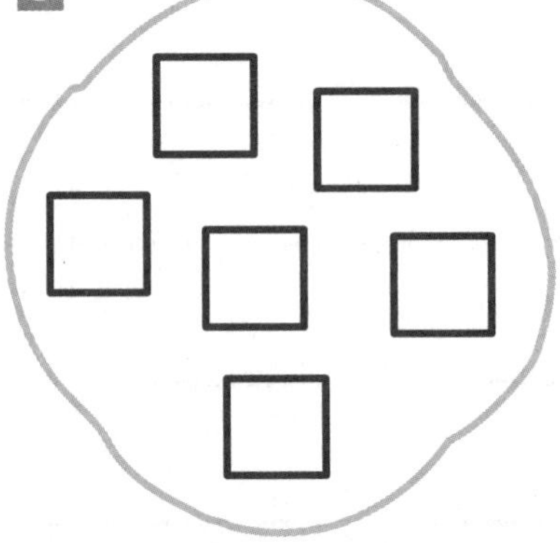

6

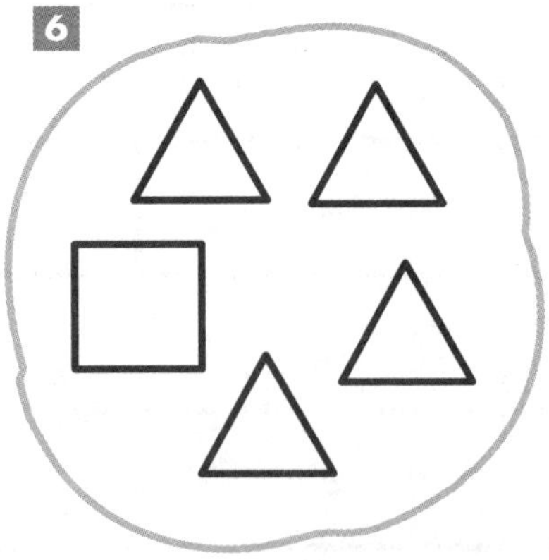

Associer un solide à l'ensemble des figures à deux dimensions qui composent sa surface. [Géométrie]

Heure

Symbole : h

L'heure est une unité de mesure du temps qui vaut 3600 s ou 60 min. Il y a 24 heures dans une journée. Il y a 60 minutes dans une heure.

À toi de résoudre les problèmes suivants.

1 Dans une boîte, il y a 9 biscuits. Combien y a-t-il de biscuits au total dans 4 boîtes semblables ?

Réponse :

2 Jennifer a fait 25 minutes de vélo avec sa copine et 15 autres minutes avec son frère. Combien de temps manque-t-il pour qu'elle ait fait une heure de vélo ?

Réponse :

3 Kevin a 24 paquets de cartes de hockey. Il a donné 3 paquets à chacun de ses 5 amis. Combien de paquets lui reste-t-il ?

Réponse :

4 Dans le bureau de mon père, il y a 5 boîtes de crayons en bois et 3 boîtes de crayons à l'encre. Il y a 8 crayons par boîte. Combien y a-t-il de crayons en bois dans le bureau ?

Réponse :

5 Jasmine a 6 autocollants brillants et 7 autocollants velours. Elle échange 2 autocollants brillants contre 7 autocollants velours. Combien d'autocollants de chaque sorte a-t-elle maintenant ?

Réponse :

Intersection

L'intersection est l'ensemble des éléments communs à deux ou plusieurs ensembles.

Exemple :

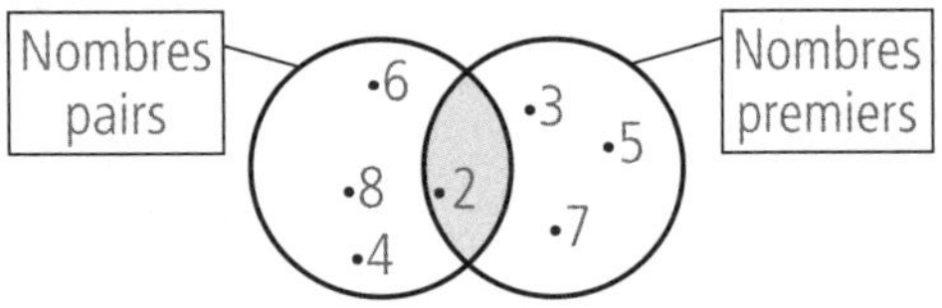

Observe l'illustration, puis réponds aux questions.

1. Combien y a-t-il de personnes dans le rectangle ? ____________

2. Combien y en a-t-il dans le triangle ? ____________

3. Combien y en a-t-il dans le carré ? ____________

4. Qu'y a-t-il dans l'intersection du cercle et du triangle, et à l'extérieur du rectangle ? ____________

5. Qu'y a-t-il à l'extérieur des régions fermées ? ____________

6. Quel élément se trouve dans le triangle seulement ? ____________

7. Quel élément se trouve dans le cercle seulement ? ____________

8. Qu'y a-t-il dans l'intersection du cercle, du rectangle et du triangle ? ____________

 Distinguer l'intérieur de l'extérieur d'une figure. [Géométrie]

Isométriques (côtés)

Isométriques (côtés)

Des côtés d'une figure sont isométriques s'ils ont la même forme et les mêmes dimensions.

Exemple : Le carré a 4 côtés isométriques.

Colorie de la même couleur les côtés isométriques de chaque figure.

1

2

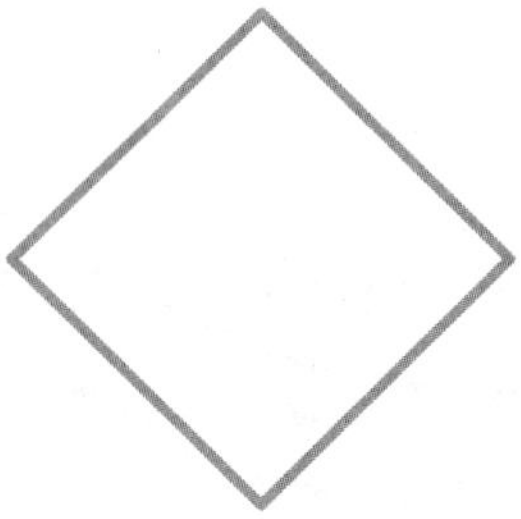

3

4

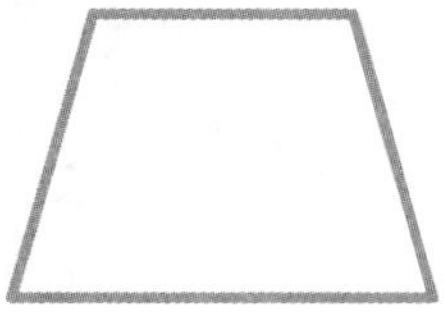

5

6

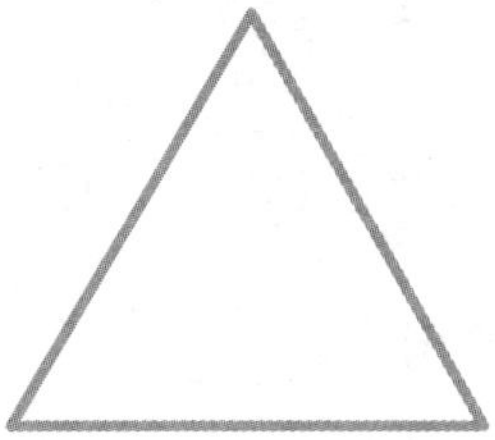

7

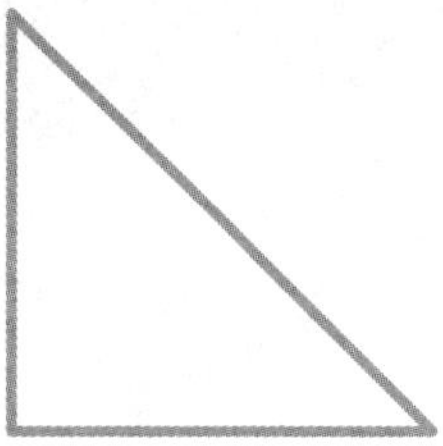

8

9

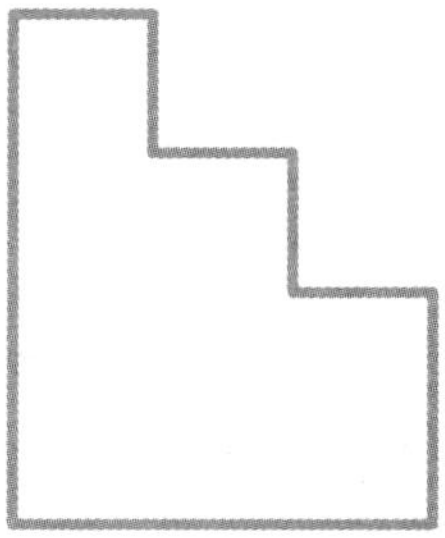

10

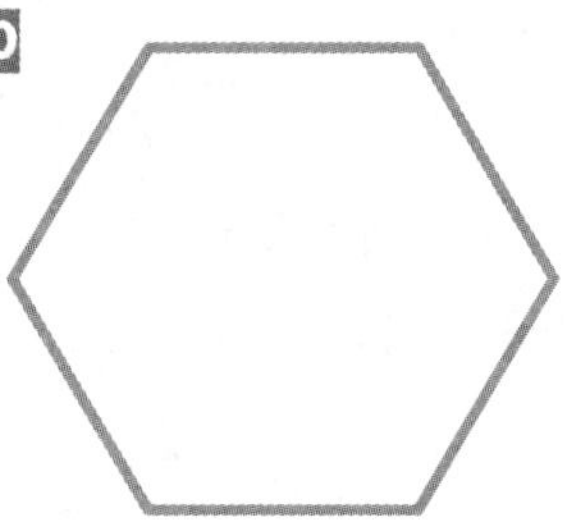

11

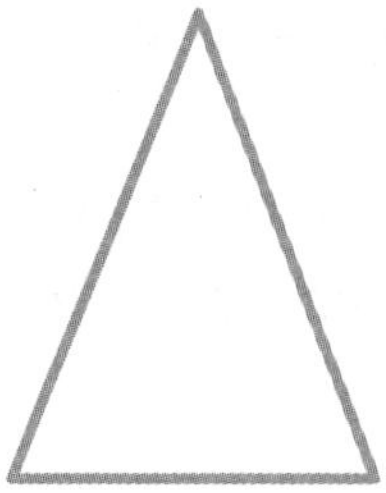

12

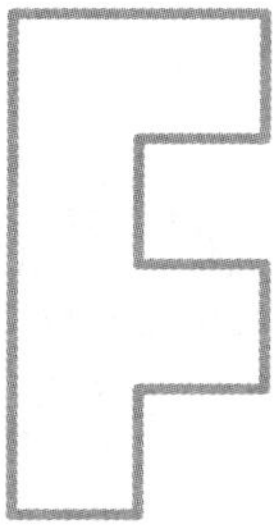

13

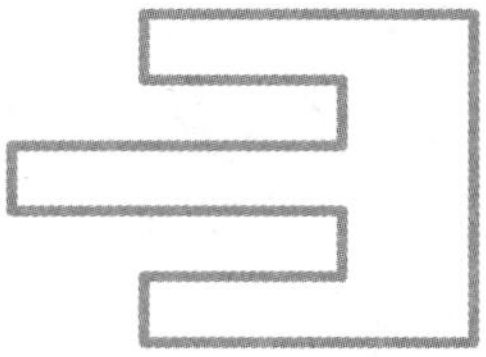

14

15

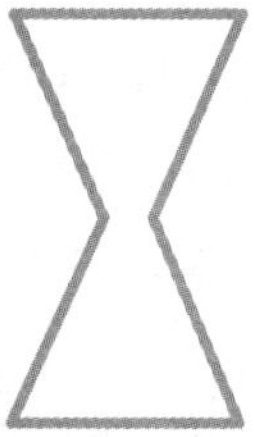

16

a b c d e f g h i j k l m n o p q r s t u v w x y z

Kilomètre
Symbole : km
Le kilomètre est une unité de mesure de longueur du système métrique, qui vaut 1000 mètres.

Karim garde un beau souvenir de sa randonnée à vélo de samedi dernier. Observe bien le plan et réponds aux questions.

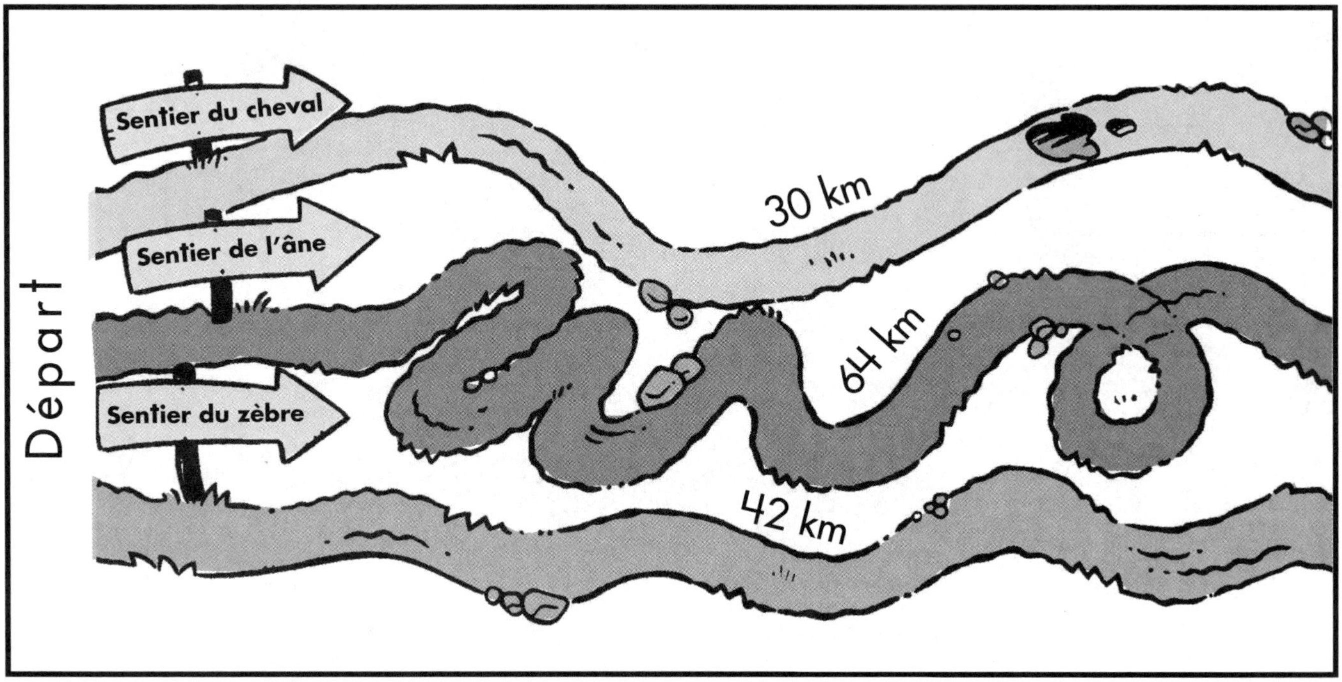

1 Karim a emprunté le plus long sentier. Comment s'appelle ce sentier ?

2 Il a fait une grande pause pour dîner à la moitié du parcours. Combien de kilomètres a-t-il parcourus avant le dîner ?

3 Il a parcouru tout le sentier en 8 heures. Combien de kilomètres a-t-il parcourus par heure ?

4 Karim aimerait bien parcourir ce sentier aller et retour, et coucher en chemin. Combien de kilomètres aurait-il à parcourir en tout ?

5 Le père de Karim, un grand sportif, a parcouru les trois sentiers aller et retour, en trois jours de suite. Combien de kilomètres a-t-il parcourus en tout ?

Ligne

Une ligne est un ensemble continu de points. Elle peut être droite, brisée ou courbe.

Exemples : 1) Ligne droite

2) Ligne brisée

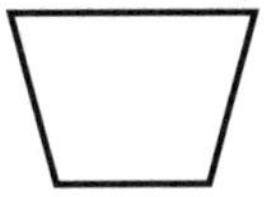

3) Ligne courbe

Sidonie doit couvrir ses livres pour les protéger. Mais voilà qu'elle laisse tomber son livre de mathématique par terre et les pages se détachent. Sidonie essaie de reconnaître les types de lignes imprimées sur ces pages. Classe chaque ligne en inscrivant le numéro de la page dans la bonne colonne du tableau.

	Lignes simples		**Lignes non simples**	
	Brisée	**Non brisée**	**Brisée**	**Non brisée**
Ligne fermée				
Ligne non fermée				

a b c d e f g h i j k l m n o p q r s t u v w x y z

Ligne brisée

Une ligne brisée est une suite continue de segments de droite.

Exemples : 1) 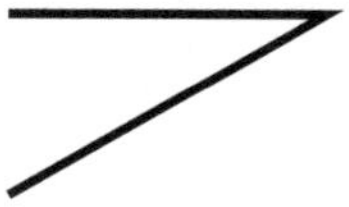 2)  3) 

Marilou décore sa maison, car c'est l'anniversaire de son papa.
Observe attentivement les guirlandes qu'elle a suspendues. Écris le type de ligne que représente chaque guirlande :

fermée ou **non fermée**, **simple** ou **non simple**, **brisée** ou **non brisée**.

A 

B 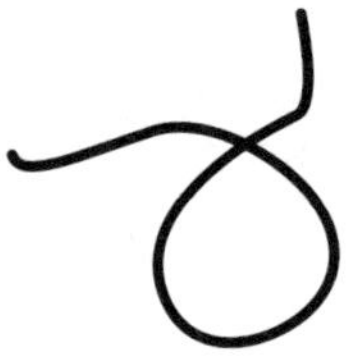

C 

D 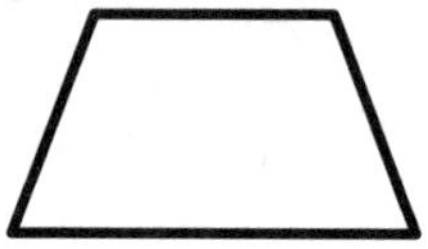

E 

F 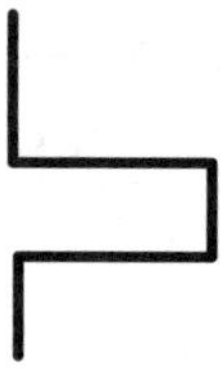

G 

H 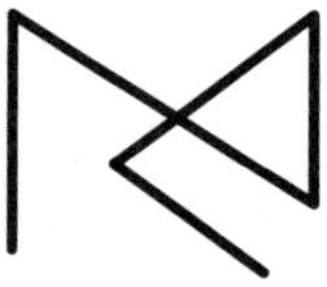

I 

J 

K 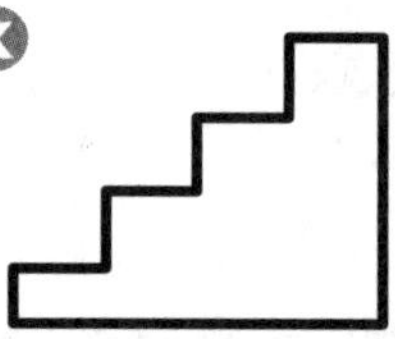

L 

M 

N 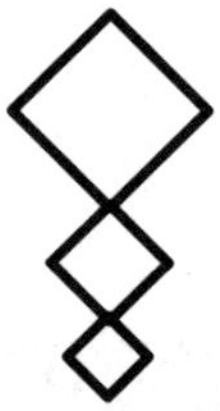

O 

 Identifier des lignes (fermées, simples, brisées). [Géométrie]

M Mesure (unité de)

Mesure (unité de)

Une unité de mesure est la grandeur de référence qui permet de mesurer.

Exemple : La largeur de ce livre est de 21 cm.

Le centimètre (cm) est l'unité de mesure utilisée pour déterminer les dimensions du livre.

http://webcec.ca/y69/

Jordan aide l'enseignante à fabriquer des cartons. Sur les cartons, les responsabilités des élèves sont décrites. Lis chaque carton. Indique dans l'étiquette si la mesure choisie par Jordan est vraie (V) ou fausse (F).

Responsabilités des élèves

A Effacer le tableau. Il mesure environ 3 m de longueur.

B Aller porter la carte des absences. La carte mesure environ 2 m de largeur.

C Distribuer les pailles pour le lait. Les pailles mesurent 15 dm de hauteur.

D Écrire la date à l'aide d'une craie de 1 dm de longueur.

E Arroser la plante. Elle mesure 11 m de hauteur.

F Distribuer les berlingots de lait. Un berlingot mesure environ 2 dm de hauteur.

G Laver les tables qui mesurent chacune environ 14 dm de longueur.

H Laver les brosses à tableau. Chacune mesure 2 dm de longueur.

I Mettre de l'eau dans le verre de l'enseignante. Le verre mesure 25 dm de hauteur.

J Aller porter les livres à la bibliothèque. Chaque livre mesure environ 1 m d'épaisseur.

Mesure (unité de)

Une unité de mesure est la grandeur de référence qui permet de mesurer.

Exemple: La largeur de ce livre est de 21 cm.

Le centimètre (cm) est l'unité de mesure utilisée pour déterminer les dimensions du livre.

http://webcec.ca/y69/

Estime les mesures suivantes. Entoure les bonnes réponses.

1 La largeur d'un fauteuil est :

A de plus de 2 m.

B de moins de 2 m.

C d'environ 2 m.

2 La longueur d'une chandelle est :

A de plus de 1 m.

B d'environ 1 m.

C de moins de 1 m.

3 La hauteur de la porte est :

A d'environ 1 m.

B de plus de 1 m.

C de moins de 1 m.

4 La longueur d'un peigne est :

A de plus de 5 dm.

B d'environ 5 dm.

C de moins de 5 dm.

5 Un crayon neuf mesure :

A moins de 1 dm de longueur.

B plus de 1 dm de longueur.

C environ 1 dm de longueur.

6 Une cabine téléphonique mesure :

A environ 2 m de hauteur.

B moins de 2 m de hauteur.

C plus de 2 m de hauteur.

7 Un tronc d'arbre mesure :

A environ 5 cm de largeur.

B plus de 5 cm de largeur.

C moins de 5 cm de largeur.

8 Le bracelet d'une montre mesure :

A plus de 2 dm de longueur.

B moins de 2 dm de longueur.

C environ 2 dm de longueur.

M Mesurer

Mesurer

Pour mesurer un objet, tu peux utiliser la démarche suivante :

1. Place le 0 de la graduation de l'instrument de mesure sur une extrémité de l'objet à mesurer.
2. Sur la règle, lis le nombre qui correspond à l'autre extrémité de l'objet à mesurer.

Ce segment mesure 40 mm.

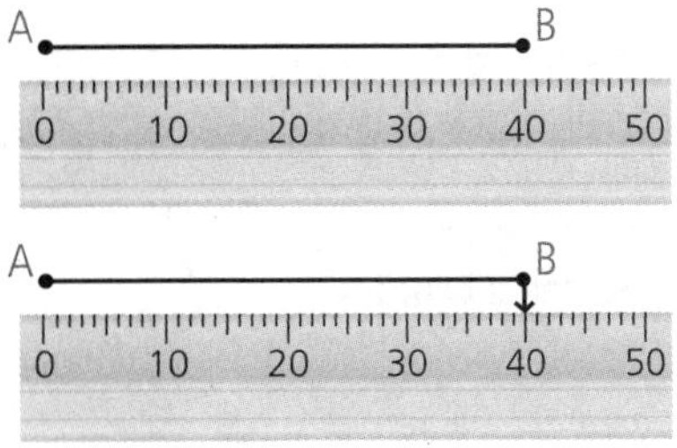

http://webcec.ca/y69/

Mesure chaque ligne avec ta règle. Écris la mesure au-dessous de chacune.

1

______ cm

2

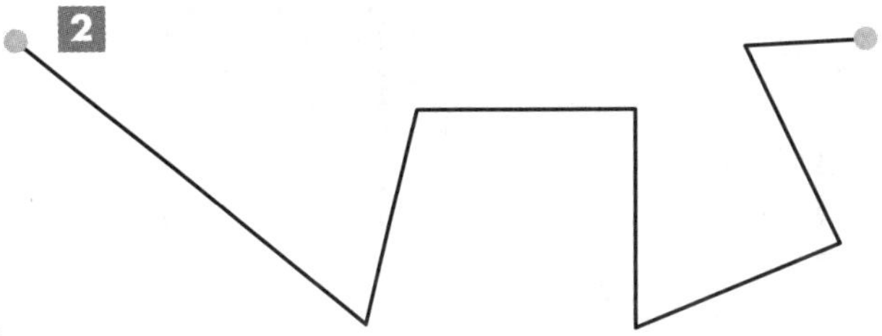

______ cm

3

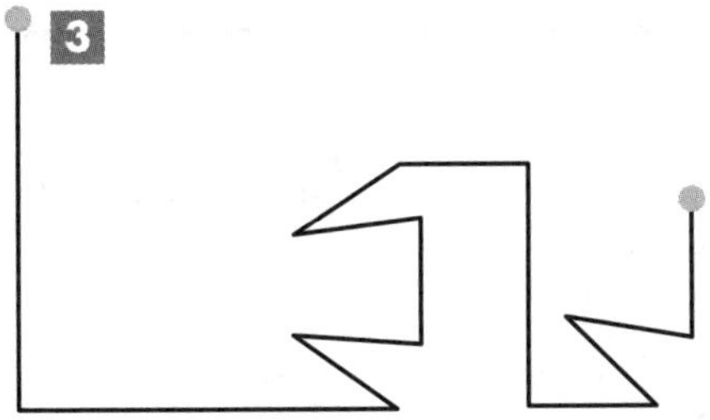

______ cm

4

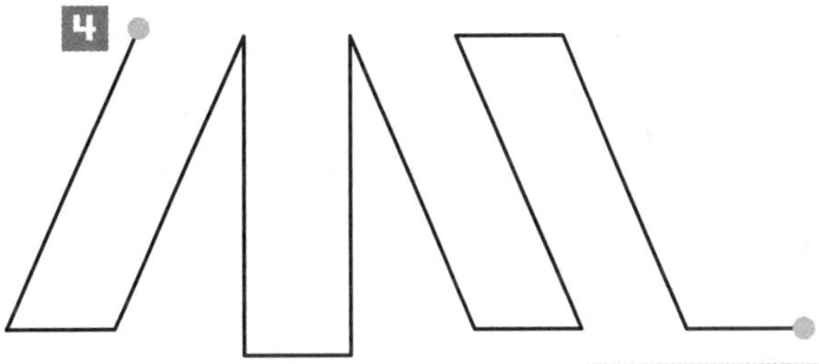

______ cm

5

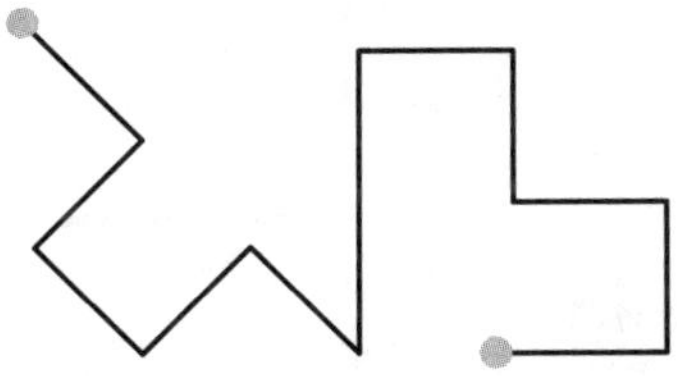

______ cm

6

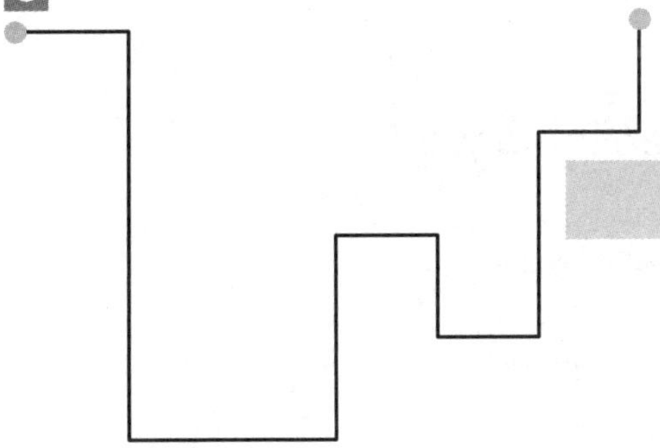

______ cm

7

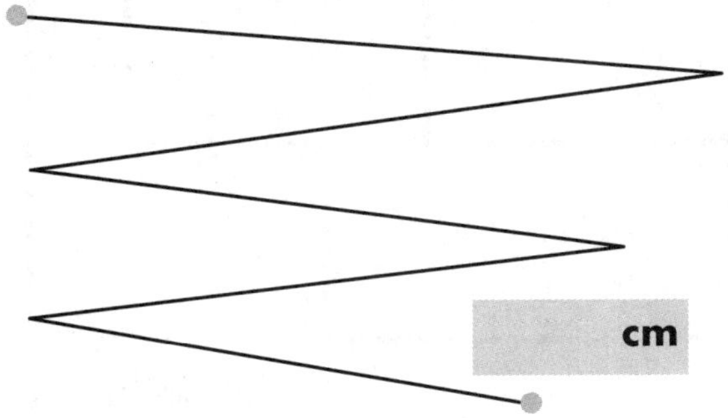

______ cm

8

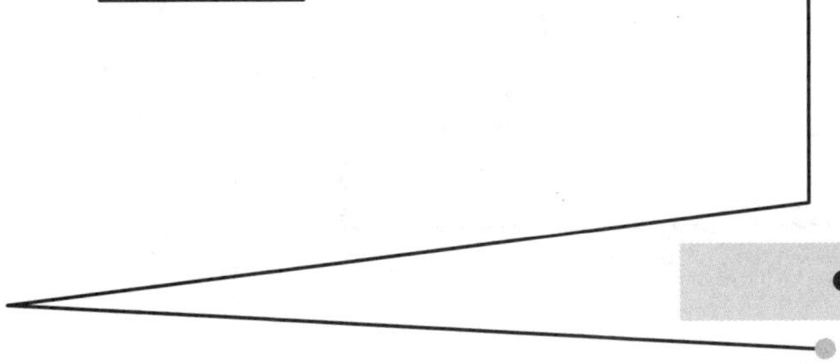

______ cm

Mesurer

Pour mesurer un objet, tu peux utiliser la démarche suivante :

1. Place le 0 de la graduation de l'instrument de mesure sur une extrémité de l'objet à mesurer.
2. Sur la règle, lis le nombre qui correspond à l'autre extrémité de l'objet à mesurer.

Ce segment mesure 40 mm.

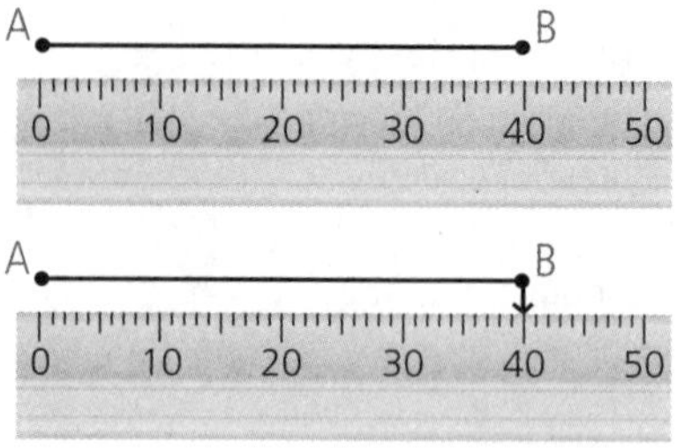

http://webcec.ca/y69/

Sonia veut connaître le trajet le plus court pour se rendre à la bibliothèque. Mesure chaque trajet avec ta règle. Entoure le trajet le plus court.

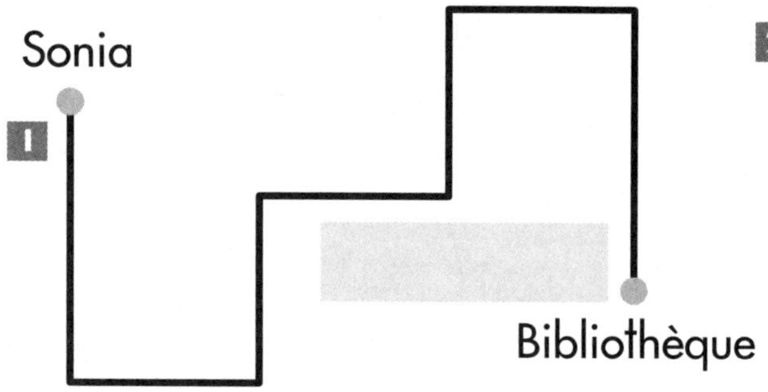

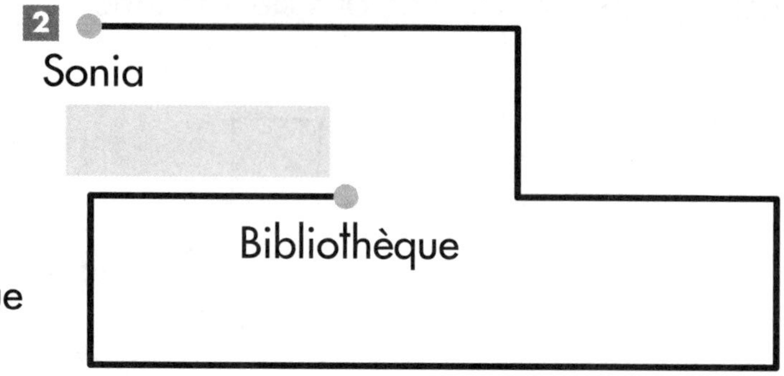

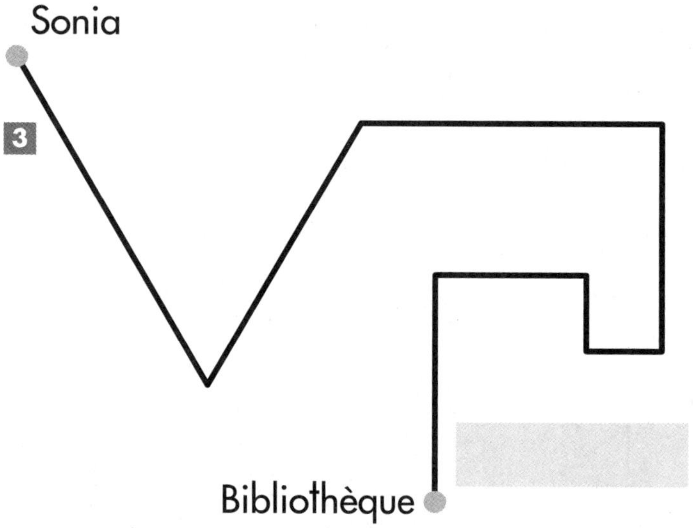

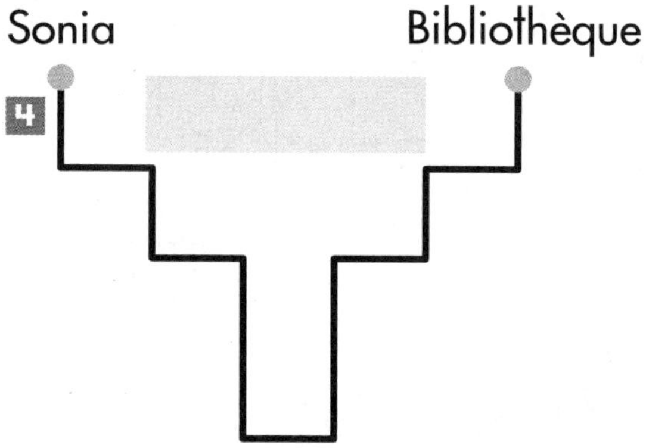

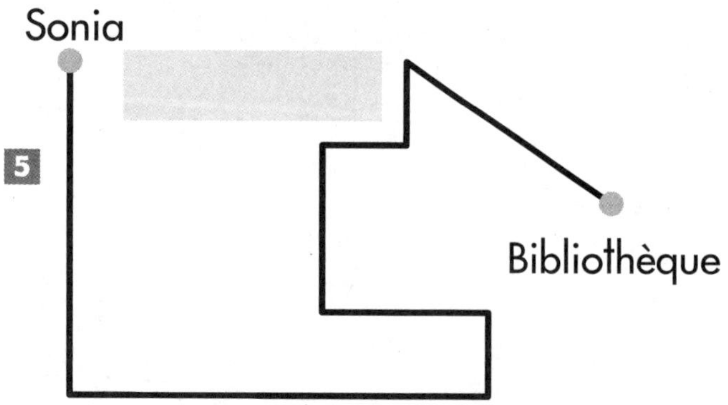

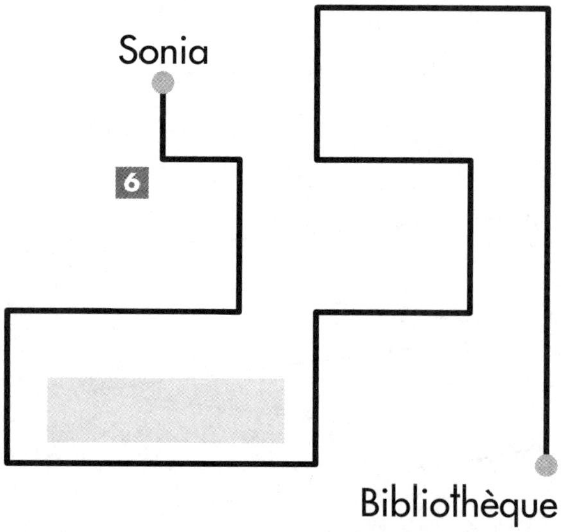

a b c d e f g h i j k l m n o p q r s t u v w x y z

Minute

Symbole : min

Une minute est une unité de mesure du temps.

Une minute compte 60 secondes et il y a 60 minutes dans une heure.

Adam et sa mère vont au cinéma. Observe bien l'affiche et réponds aux questions.

CINÉMA EXTRA
Adulte : 8 $
Enfant : 5 $
* 2 $ de plus le dimanche

1 Samedi soir, la mère d'Adam, accompagnée d'une amie, emmène Adam et son copain au cinéma. Combien les 4 billets lui coûteront-ils ?

Réponse :

2 Un petit sac de maïs soufflé coûte 2 $. Un grand sac coûte le double. Combien coûtent deux petits sacs et un grand ?

Réponse :

3 Les jus de fruits se vendent en trois formats : petit, moyen, grand. La mère d'Adam achète un jus de fruits pour chacun : un petit format, deux moyens et un grand. Adam ne prend ni le petit ni le grand format. L'amie de sa mère ne prend ni le petit format ni le moyen. Le copain d'Adam ne prend pas le format moyen. Quel format la mère d'Adam prend-elle ?

Réponse :

4 Le film débute à 16:00. S'il dure 130 minutes, à quelle heure se termine-t-il ?

Réponse :

5 La salle de cinéma peut contenir 350 personnes. Il y a 83 sièges libres. Combien y a-t-il de personnes dans la salle ?

Réponse :

6 Le dimanche suivant, le père et la mère d'Adam vont au cinéma. Combien coûtent les billets ?

Réponse :

Mois

Le mois est une unité de mesure du temps.
Il y a 28, 29, 30 ou 31 jours dans un mois.
Il y a 12 mois dans une année.

Observe cette feuille de calendrier et réponds aux questions.

Mai						
Dimanche	**Lundi**	**Mardi**	**Mercredi**	**Jeudi**	**Vendredi**	**Samedi**
	1	2	3	4	5	6
7	8	9	10	11	12	13
14	15	16	17	18	19	20
21	22	23	24	25	26	27
28	29	30	31			

1 À quel jour de la semaine correspond la 7e journée de ce mois ? ____________
La 17e journée ? ____________ La 29e journée ? ____________

2 C'est la fête des Mères le 2e dimanche de mai. Quelle est la date de la fête des Mères ? ____________

3 C'est aujourd'hui le 1er jour de mai. Dans deux semaines, ce sera l'anniversaire de ma cousine. Donne le jour de la semaine et la date de son anniversaire. ____________

4 Trois jours plus tard, j'ai un rendez-vous chez le médecin. Quel jour de la semaine et à quelle date ai-je rendez-vous ? ____________

5 J'ai un examen de mathématiques deux jours avant mon rendez-vous. Quel jour de la semaine et à quelle date aura lieu l'examen ?

____

6 Combien y a-t-il de jours en tout dans les mois de mai, juin et juillet ?

____

 Ordonner des éléments selon une ou plusieurs propriétés. [Numération]

Multiplication

Symbole : × (se lit « fois »).

La multiplication est une opération entre deux ou plusieurs nombres appelés *facteurs*.
Le résultat d'une multiplication se nomme *produit*.

Exemple : 5 × 12 = 60
Facteurs (5, 12) — Produit (60)

http://webcec.ca/e89/

Calcule les produits. Dans la grille, relie les réponses, dans l'ordre, par une ligne. Tu obtiendras un dessin.

1 4 x 4 =	10 1 x 7 =	19 5 x 6 =
2 2 x 9 =	11 3 x 6 =	20 4 x 3 =
3 3 x 7 =	12 2 x 4 =	21 5 x 2 =
4 4 x 9 =	13 4 x 8 =	22 1 x 9 =
5 5 x 5 =	14 1 x 5 =	23 2 x 7 =
6 1 x 8 =	15 5 x 7 =	24 3 x 8 =
7 0 x 3 =	16 1 x 3 =	25 2 x 6 =
8 3 x 9 =	17 4 x 7 =	26 2 x 3 =
9 5 x 4 =	18 3 x 5 =	27 2 x 8 =

33	68	30	72	16	19	63	45	1
48	85	23	18	58	6	11	82	55
83	4	21	36	96	24	12	49	41
77	51	25	49	43	91	14	81	17
29	8	0	61	59	78	10	9	39
13	27	2	58	84	37	73	12	85
20	7	18	8	40	3	28	15	30
70	51	57	32	5	35	41	64	39

Le dessin représente :

Multiplication

Symbole : × (se lit « fois »).

La multiplication est une opération entre deux ou plusieurs nombres appelés *facteurs.*
Le résultat d'une multiplication se nomme *produit.*

Exemple : 5 × 12 = 60

Facteurs (5, 12) Produit (60)

http://webcec.ca/e89/

Remplis la table de multiplications.

×	0	1	2	3	4	5	6	7	8	9
0										
1										
2										
3										
4										
5										
6										
7										
8										
9										

Construire des tables de multiplication dans lesquelles les facteurs ne dépassent pas 9. [Opérations]

Multiplication

Symbole : × (se lit « fois »).

La multiplication est une opération entre deux ou plusieurs nombres appelés *facteurs*.
Le résultat d'une multiplication se nomme *produit*.

Exemple : 5 × 12 = 60 (5 et 12 : Facteurs ; 60 : Produit)

http://webcec.ca/e89/

Colorie le joli dessin à l'aide des indices suivants :

9 x 9 = Noir 8 x 7 = Bleu	5 x 8 = Jaune 9 x 3 = Gris	7 x 7 = Rouge 6 x 5 = Brun	4 x 8 = Orange 6 x 6 = Vert

N Nombre impair

a b c d e f g h i j k l m n o p q r s t u v w x y z

Nombre impair

Un nombre impair est un nombre entier non divisible par 2.
Un nombre impair se termine par le chiffre 1, 3, 5, 7 ou 9.
Exemples : 7 et 85 sont des nombres impairs.

Voici quelques devinettes mathématiques.
Prends ton temps pour y répondre.

1 Je suis un nombre impair, inférieur à 100 et je suis la moitié de 50.

Qui suis-je ? **Réponse :** ____________

2 Je suis le produit de 6 par 7.

Qui suis-je ? **Réponse :** ____________

3 Je suis plus petit que 153 et plus grand que 151.

Qui suis-je ? **Réponse :** ____________

4 Je suis un nombre de 3 chiffres qui se suivent, compris entre 0 et 4.

Qui suis-je ? **Réponse :** ____________

5 Je suis la différence entre 748 et 239.

Qui suis-je ? **Réponse :** ____________

6 Je suis un nombre pair, compris entre 75 et 80. Si on additionne les 2 chiffres qui me composent, on obtient 15 comme somme.

Qui suis-je ? **Réponse :** ____________

7 Je suis la somme de 356 et 529.

Qui suis-je ? **Réponse :** ____________

8 Je suis un nombre impair compris entre 500 et 600. Les chiffres qui me composent se suivent en ordre décroissant.

Qui suis-je ? **Réponse :** ____________

Ordre croissant

Ordre croissant
L'ordre croissant est la disposition qui va du plus petit au plus grand.
Exemple : Les nombres suivants ont été placés dans l'ordre croissant : 7, 11, 15, 18, 24, 30, 32.

Simon fait partie d'une troupe de théâtre. Il donne un spectacle la semaine prochaine. Voici les billets qu'il lui reste à vendre.

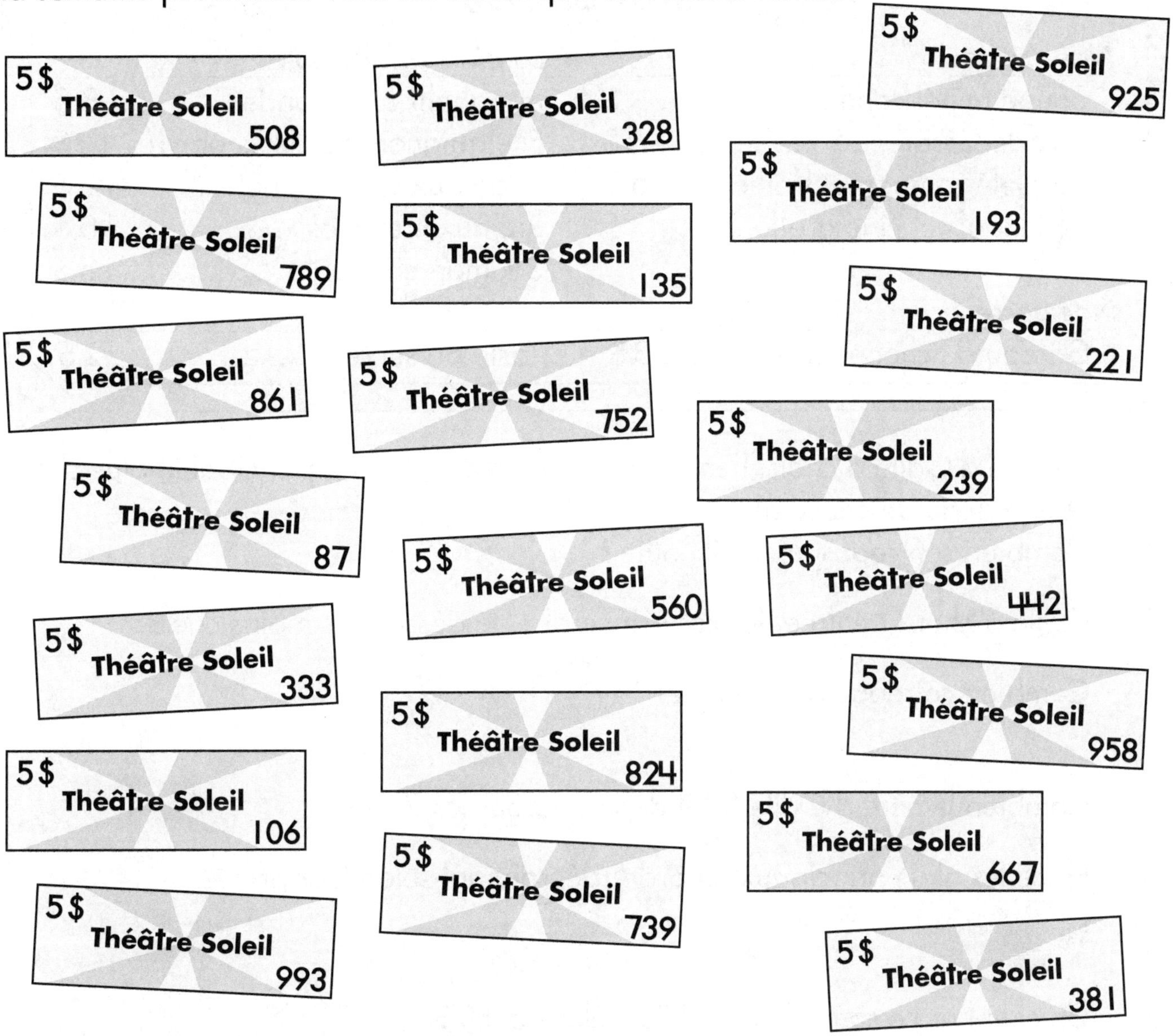

1 Place les numéros des billets en ordre croissant.

____

____

2 Combien d'argent recueillera-t-il s'il vend tous les billets ?

a b c d e f g h i j k l m n o p q r s t u v w x y z

Ordre décroissant
L'ordre décroissant est la disposition qui va du plus grand au plus petit.
Exemple : Les nombres suivants sont placés dans l'ordre décroissant : 32, 30, 24, 18, 15, 11, 7.

Odile et son père vont souper au restaurant. Voici le menu qu'on leur propose :

RESTOBONGOÛT

Nos entrées :
- Soupe minestrone .... 4 $
- Salade César .... 6 $
- Feuilleté jambon et fromage .... 5 $
- Artichauts et vinaigrette........... 3 $

Nos plats principaux :
- Spaghetti à la viande .... 8 $
- Filet mignon aux trois poivres 14 $
- Veau aux champignons .... 12 $
- Riz aux crevettes .... 10 $
- Saumon en croûte .... 15 $

Nos desserts :
- Gâteau au chocolat................. 3 $
- Tarte au sucre......................... 2 $

1 Le père d'Odile a choisi l'entrée la moins chère, le plat principal le plus cher et le gâteau au chocolat.
Combien son repas lui a-t-il coûté ?

2 Odile a choisi l'entrée, le plat principal et le dessert les moins chers.

Combien ce repas va-t-il coûter ?

3 Combien le père d'Odile a-t-il dépensé pour les 2 repas ?

4 Place les plats principaux en ordre décroissant selon leur prix.

5 Un client règle son addition. Elle s'élève à 18 $.
Quels repas complets aurait-il pu prendre ?

____

6 Si le client donne 50 $ pour régler son addition, combien la serveuse lui remettra-t-elle ?

Pentagone

Un pentagone est un polygone à cinq côtés.

Exemples : 1) Pentagone régulier

2) Pentagone irrégulier

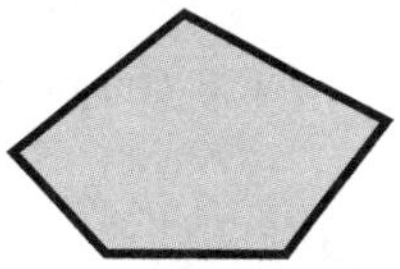

Trace les figures indiquées.

A Trace un carré de 4 cm de côté. Décore-le.

B Trace un triangle de 3 cm de côté. Décore-le.

C Trace un rectangle de 6 cm sur 3 cm. Décore-le.

D Trace un pentagone de 2 cm de côté. Décore-le.

a b c d e f g h i j k l m n o p q r s t u v w x y z

Pictogramme

Un pictogramme est un dessin ou un symbole qui représente un message, un objet, une personne ou une valeur.

Exemple : Le pictogramme  représente 10 personnes.

Dans le journal de fin de semaine, on publie les résultats d'un sondage. On demandait quels sports d'hiver les gens pratiquent le plus souvent.

Voici un tableau des résultats :

Population pratiquant des sports d'hiver	
Patin à glace	1345 personnes
Ski de fond	2623 personnes
Ski alpin	1106 personnes
Planche à neige	1530 personnes
Raquette	1028 personnes
Marche	743 personnes
Glissade	291 personnes
Motoneige	1984 personnes

Remplis le graphique suivant à l'aide des données du tableau.

 = 100 personnes

Population pratiquant des sports d'hiver

Patin à glace	Ski de fond	Ski alpin	Planche à neige	Raquette	Marche	Glissade	Motoneige

Construire et utiliser des diagrammes ou des graphiques pour représenter une relation simple. [Statistique]

Produit

Le produit est le résultat d'une multiplication.

Exemple : 3 × 7 = 21

(3 et 7 : Facteurs ; 21 : Produit)

Trouve les produits ou complète les cartes.

A. 7♠ × ___♦ = 35

B. 3♥ × 8♣ = ___

C. ___♣ × 8♦ = 64

D. 8♦ × ___♠ = 40

E. 5♠ × 4♥ = ___

F. ___♠ × 7♥ = 63

G. 9♥ × 8♥ = ___

H. 8♠ × ___♣ = 56

I. 4♦ × ___♣ = 36

J. 4♥ × 8♦ = ___

K. ___♠ × 8♥ = 48

L. 9♣ × 5♣ = ___

M. ___♦ × 7♦ = 42

N. ___♠ × 6♠ = 54

Produit

Le produit est le résultat d'une multiplication.

Exemple : 3 × 7 = 21

Facteurs (3, 7) — Produit (21)

1 Complète les étoiles. Chaque ligne a la même somme.

A

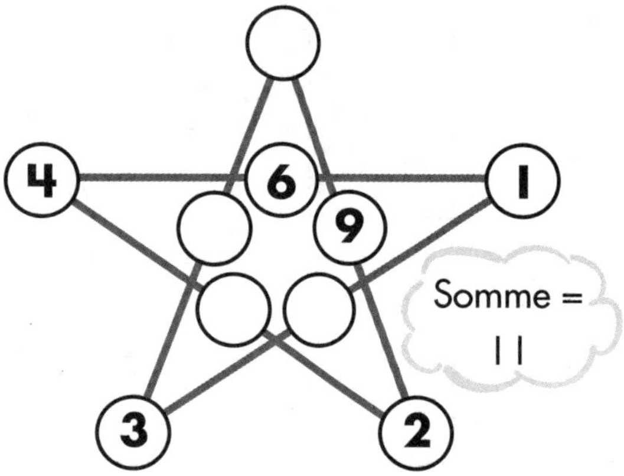

B

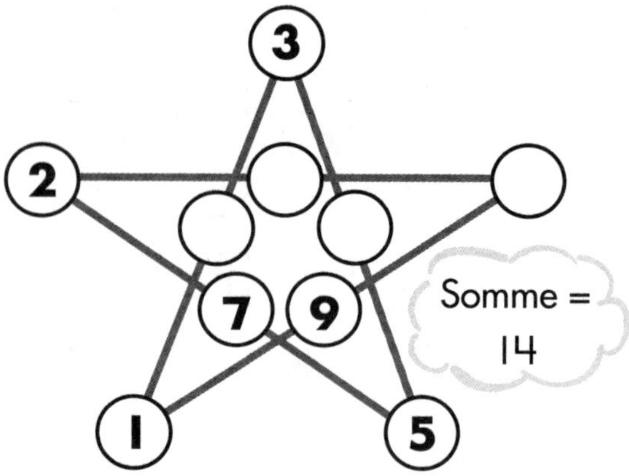

2 Complète ces roues de multiplications. Les produits se trouvent sur la bande extérieure.

A

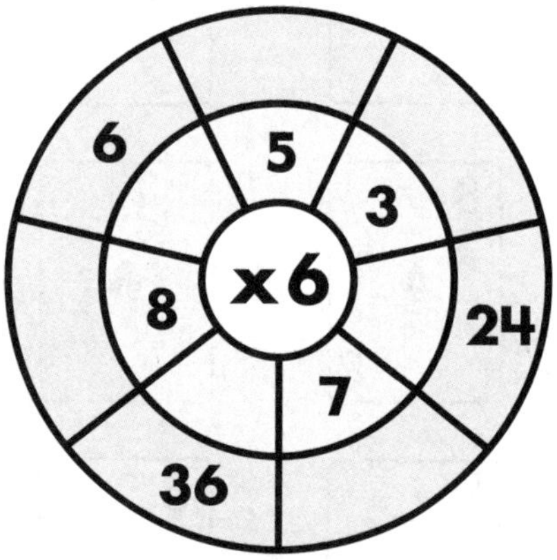

B

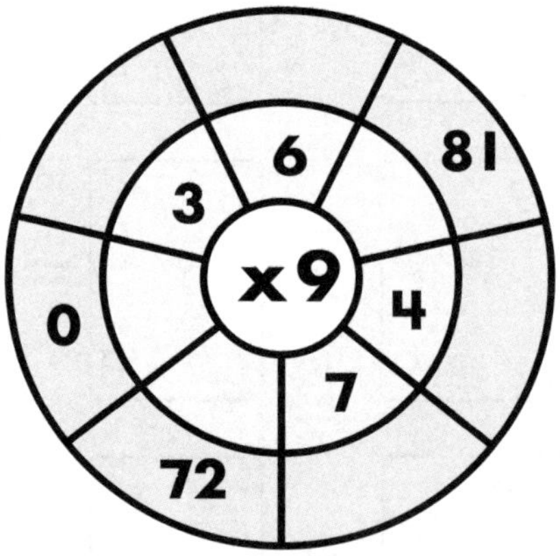

3 Complète cette grille.

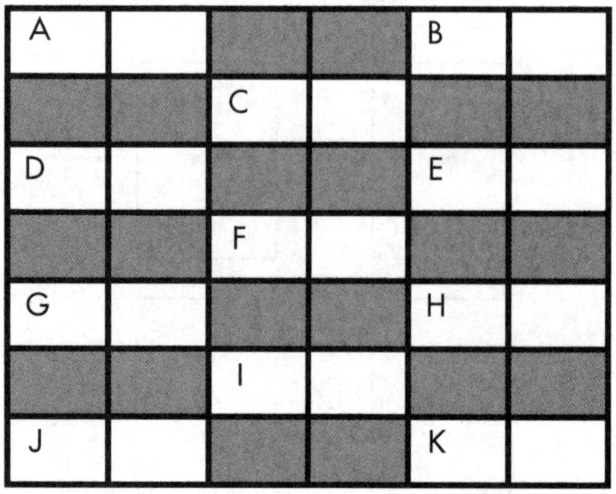

A 5 x 6
B 3 x 8
C 7 x 7
D 5 x 4
E 6 x 6
F 8 x 8
G 9 x 8
H 7 x 5
I 6 x 9
J 7 x 8
K 6 x 8

Propriété
Une propriété est une caractéristique particulière d'un objet.
Exemple : Les nombres 231, 451 et 181 ont la caractéristique suivante : avoir 1 comme chiffre à la position des unités.

Voici un jeu mathématique.
Il faut faire un X sur l'intrus qui ne respecte pas les propriétés des autres nombres.

A

321	456	987	210
654	345	765	123
567	678	543	789
432	234	438	876

B

606	560	560	362
760	467	467	264
566	65	65	369
863	665	665	967

C

964	715	851	772
759	891	903	862
982	548	705	948
818	756	827	737

D

523	550	451	730
190	433	910	424
271	802	811	622
406	361	505	171

E

518	915	411
617	801	313
410	919	712

F

26	43	59
45	85	62
95	34	58

Quadrilatère

Un quadrilatère est un polygone à quatre côtés.

Exemples : 1) 2) 3) 4)

Lis bien toutes les consignes avant de commencer ton dessin.

Lina a reçu un jeu de construction.
Elle doit assembler des morceaux pour former une maison.
Dessine la maison selon les consignes qu'elle te donne.

- Un carré pour la maison : 7 cm sur 7 cm.
- Un triangle pour le toit : 7 cm pour la base, 6 cm pour les deux autres côtés.
- Un rectangle pour la porte : 3 cm de hauteur sur 1 cm de largeur.
- Un quadrilatère pour la cheminée : les mesures de ton choix.
- Un carré pour le garage (à droite de la maison) : 3 cm sur 3 cm.
- Un rectangle pour la fenêtre au-dessus de la porte : 5 cm de longueur sur 2 cm de hauteur.
- Décore cette maison à ton goût.

 Tracer des figures dont les dimensions en centimètres sont données. [Mesure]

Q Quadrilatère

Quadrilatère

Un quadrilatère est un polygone à quatre côtés.

Exemples :

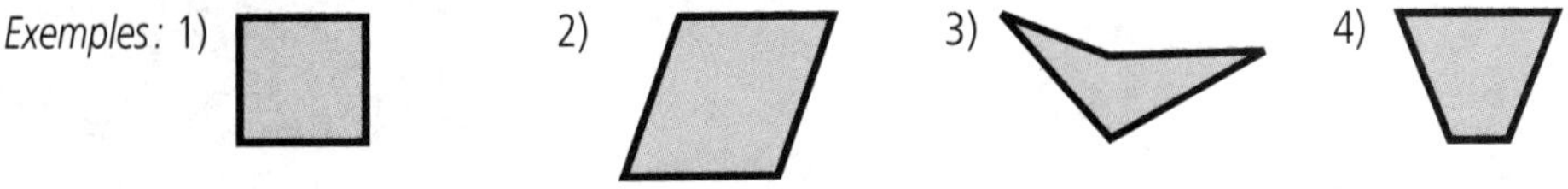

1 **Additionne** les nombres écrits dans les triangles et **soustrais** ceux qui sont écrits dans les quadrilatères.

2 Colorie les triangles en vert et les quadrilatères en bleu.

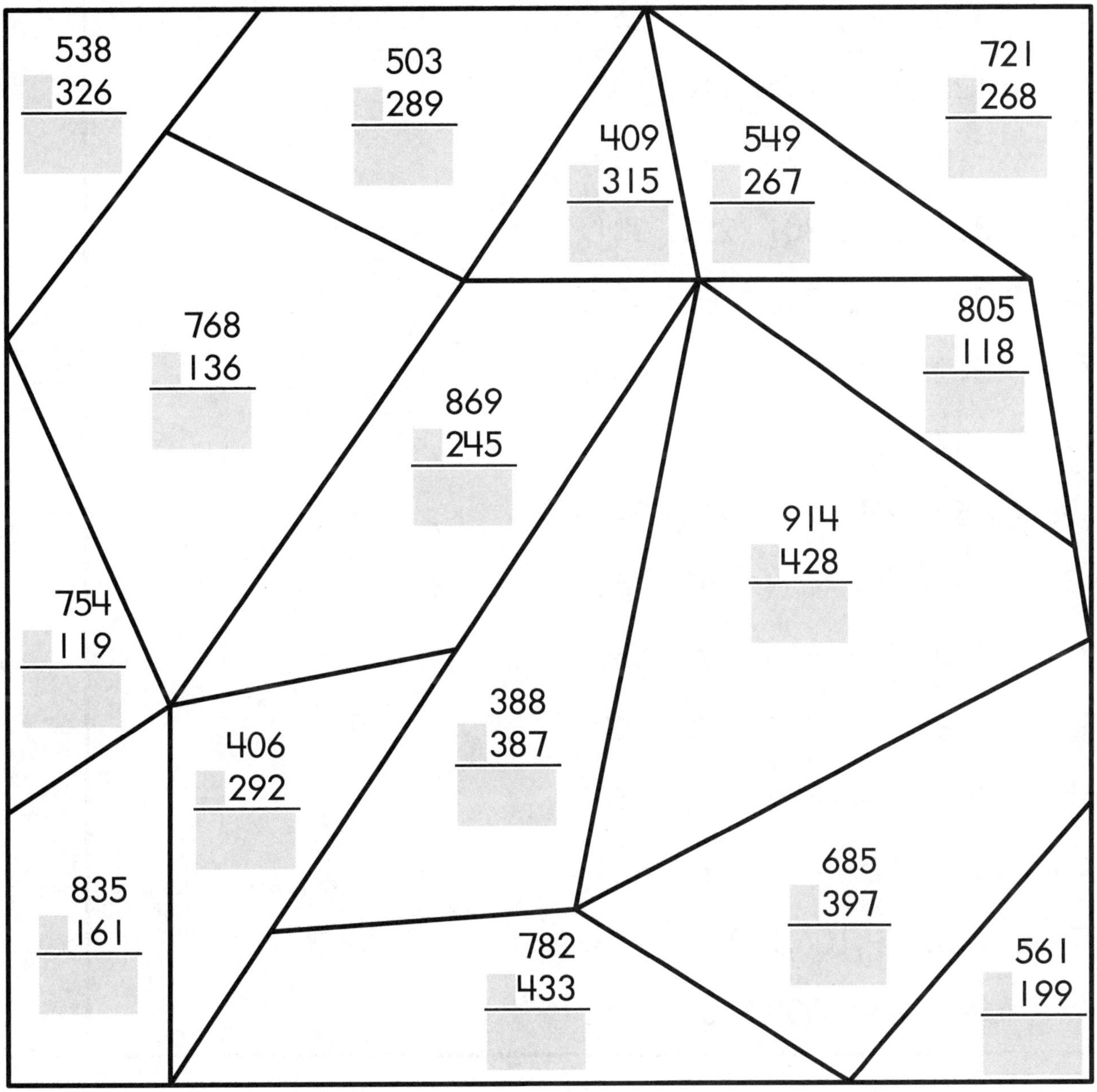

a b c d e f g h i j k l m n o p q r s t u v w x y z

Régularité

Une régularité est un lien additif ou multiplicatif entre les termes d'une suite.

Exemple : 103, 108, 113, 118, 123, … (+5, +5, +5, +5, +5)

La régularité de cette suite est donc +5.

http://webcec.ca/r62/

Complète les suites de nombres et écris les règles.

	Suite	Règle
A	75, 73, 71, 69, 67, ___, ___, ___, ___	
B	125, 120, 115, 110, 105, ___, ___, ___, ___	
C	18, 20, 25, 27, 32, ___, ___, ___, ___	
D	321, 311, 301, 291, 281, ___, ___, ___, ___	
E	703, 705, 700, 702, 697, ___, ___, ___, ___	
F	512, 525, 538, 551, 564, ___, ___, ___, ___	
G	402, 409, 407, 414, 412, ___, ___, ___, ___	
H	950, 925, 935, 910, 920, ___, ___, ___, ___	
I	51, 52, 54, 55, 57, ___, ___, ___, ___	
J	600, 500, 575, 475, 550, ___, ___, ___, ___	
K	68, 73, 76, 75, 80, ___, ___, ___, ___	
L	264, 254, 274, 273, 263, ___, ___, ___, ___	
M	831, 828, 826, 825, 822, ___, ___, ___, ___	
N	103, 104, 106, 109, 113, 114, ___, ___, ___, ___	
O	240, 440, 330, 530, 420, ___, ___, ___, ___	

Régularité

Une régularité est un lien additif ou multiplicatif entre les termes d'une suite.

Exemple : 103, 108, 113, 118, 123, … (+5 entre chaque terme)

La régularité de cette suite est donc +5.

http://webcec.ca/r62/

Complète chaque suite après avoir trouvé la règle.

A	25	28	31	34	37				
B	88	87	83	82	78				
C	35	40	41	46	47				
D	62	72	77	87	92				
E	123	124	128	129	133				
F	150	250	350	450	550				
G	913	823	733	643	553				
H	540	535	545	540	550				
I	99	88	77	66	55				
J	312	310	315	313	318				
K	610	640	670	700	730				
L	9	10	12	15	16				
M	101	212	323	434	545				

a b c d e f g h i j k l m n o p q r s t u v w x y z

Relation entre les unités de mesure de longueur

Exemples : 1m = 10 dm = 100 cm
1 dm = 10 cm

Complète les graphiques en traçant des flèches.

→ … est plus petit que…

A

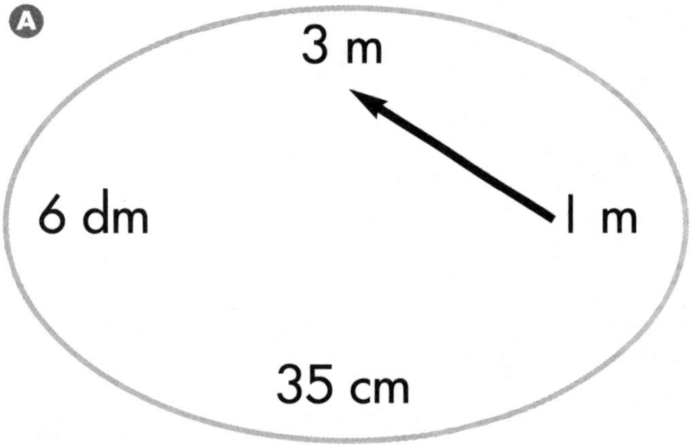

B

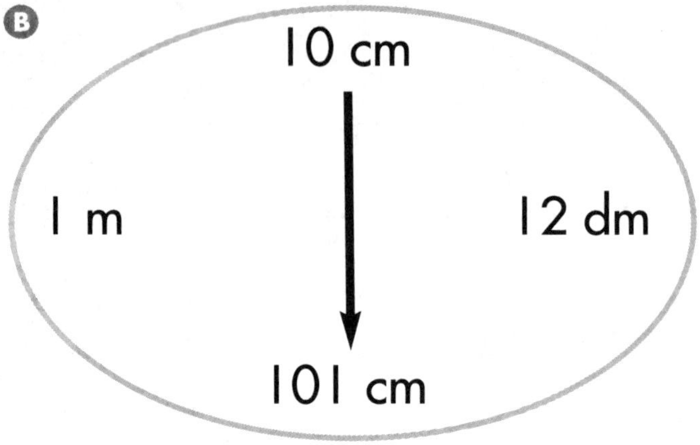

C

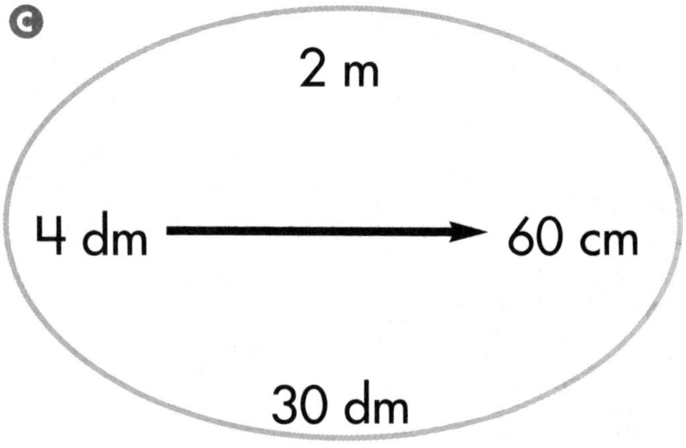

D

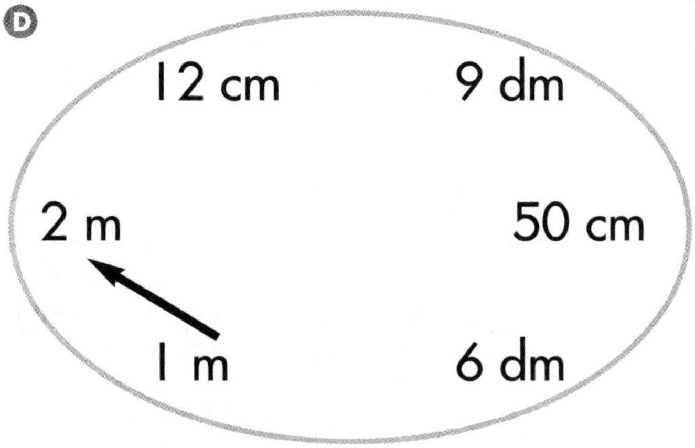

E

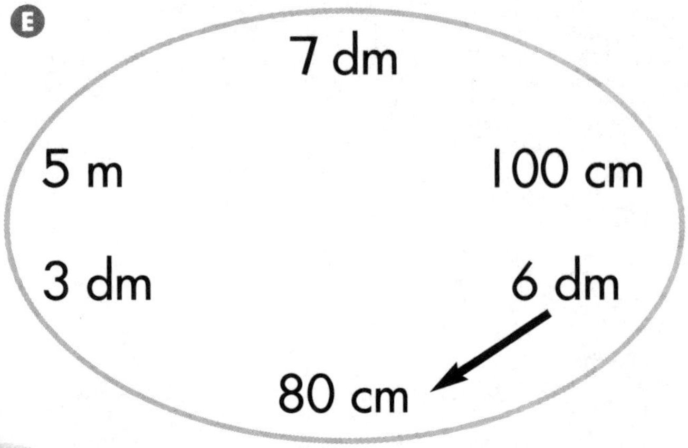

F

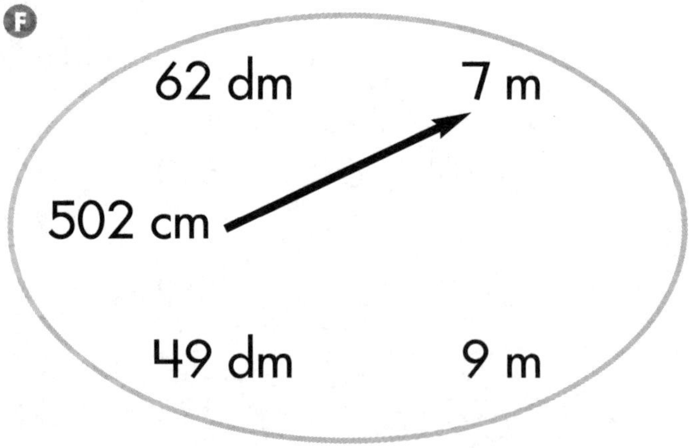

 Établir la relation entre mètre, décimètre et centimètre. [Mesure]

Représentation d'un nombre

La représentation d'un nombre correspond à l'illustration de ce nombre à l'aide d'un outil comme du matériel base dix ou des dessins.

Exemple : Le nombre 126 est représenté avec du matériel base dix.

Centaines	Dizaines	Unités
1	2	6

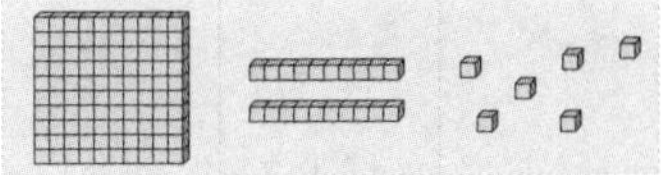

http://webcec.ca/g86/

Écris les nombres ou dessine les groupements manquants.

	Groupement	Nombre
A		
B	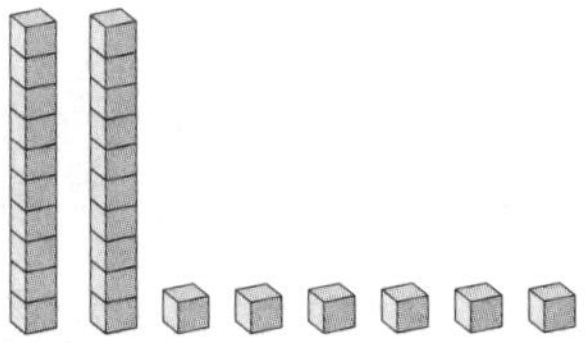	
C		72
D	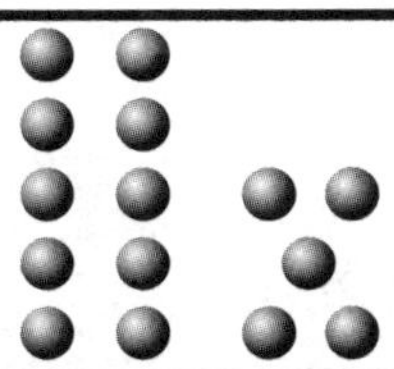	
E		46
F		80
G	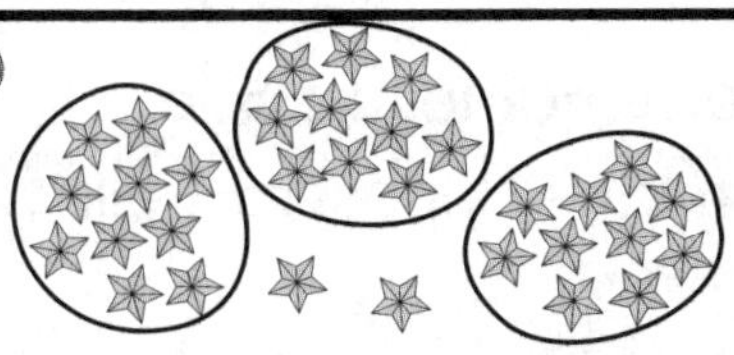	

	Groupement	Nombre
H		
I	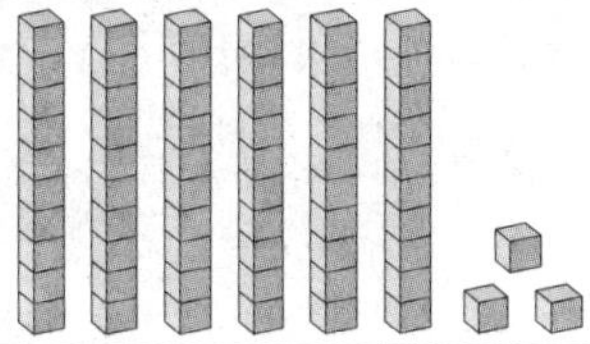	
J		19
K	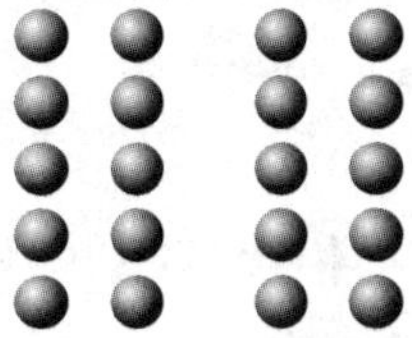	
L		91
M		27
N		

R Résoudre un problème

Résoudre un problème

Voici les étapes pour résoudre un problème mathématique :
1) Comprendre le problème et ce qui est demandé.
2) Illustrer le problème par un dessin, un schéma, etc.
3) Effectuer les calculs en utilisant du matériel, au besoin.
4) Vérifier la réponse.

Lis bien les problèmes et trouve les solutions.

1 Six personnes sont dans une salle de conférence. Chacune dit « Bonjour ! » à chacune des autres personnes. Combien de « bonjours » ont été prononcés?

Réponse : 15 bonjours.

2 Voici les animaux de ma cousine : un chat, un chien, un canard et un cheval. **A** est plus petit que le chien et est l'ami de **B**. Le cheval est plus jeune que **C** et plus grand que **A**. Enfin, **D** a deux fois moins de pattes que **B**. Associe chaque animal à la bonne lettre.

Réponse : **A** = chat **B** = cheval

C = chien **D** = canard

3 Maxime a fait 62 biscuits. Il veut les ranger dans des boîtes. Chaque boîte peut contenir 8 biscuits. Combien de boîtes lui seront nécessaires?

Réponse : 8 boîtes.

4 Il y a 4 pots de gouache alignés sur une table : un bleu, un rouge, un vert et un jaune.

On sait que :
- le jaune n'est pas le premier ;
- le rouge est entre le bleu et le vert ;
- le vert est entre le jaune et le rouge.

Dessine la position des pots.

Réponse :

5 Josée a ouvert un compte d'épargne. Elle y a déposé 2 $ la première semaine, 5 $ la deuxième semaine, 8 $ la troisième semaine, 11 $ la quatrième semaine, et ainsi de suite. Dans quelle semaine déposera-t-elle 50 $?

Réponse : Dans la 17 semaine.

Résoudre un problème

Voici les étapes pour résoudre un problème mathématique :
1) Comprendre le problème et ce qui est demandé.
2) Illustrer le problème par un dessin, un schéma, etc.
3) Effectuer les calculs en utilisant du matériel, au besoin.
4) Vérifier la réponse.

Mathilde profite des soldes de fin d'hiver. Voici ce qu'elle a vu dans une boutique d'articles de sport :

Réponds aux questions suivantes :

1. Les skis alpins valent combien de plus que les skis de fond ? 123 $
2. Quelle est la différence entre le prix de la planche à neige et celui du traîneau ? 97
3. Si Mathilde achète les patins, les bottes chaudes et l'ensemble de neige, combien dépensera-t-elle ? 700 $
4. Une cliente veut acheter une planche à neige et un traîneau. Elle a 400 $. Combien d'argent lui manque-t-il ? 5 $
5. Un client a profité des rabais. Il a acheté 2 paires de patins et 3 traîneaux. Combien d'argent a-t-il déboursé ? 709 $
6. Dans deux semaines, la propriétaire de la boutique abaissera tous les prix de 20 $. Combien coûtera alors chaque article ?

A	330 $	B	325 $	C	255 $	D	615 $
E	33 $	F	60 $	G	55 $	H	575 $

a b c d e f g h i j k l m n o p q r s t u v w x y z

Résoudre un problème

Voici les étapes pour résoudre un problème mathématique :
1) Comprendre le problème et ce qui est demandé.
2) Illustrer le problème par un dessin, un schéma, etc.
3) Effectuer les calculs en utilisant du matériel, au besoin.
4) Vérifier la réponse.

Voici quelques problèmes en rapport avec les activités du carnaval d'hiver.
Écris les opérations et les réponses.

1 Cinq équipes organisent les épreuves du carnaval. Chaque équipe se compose de 4 personnes. Combien de personnes organisent les épreuves ?

Réponse :

2 On prévoit que chaque épreuve durera environ 10 minutes. S'il y a 5 épreuves, combien de minutes faudra-t-il pour faire toutes les épreuves ?

Réponse :

3 Trois élèves à la fois participent à la course en raquettes. Si l'on organise 8 courses dans la journée, combien d'élèves participent à cette épreuve ?

Réponse :

4 On manque de boules de neige pour l'épreuve de tir. Si 4 élèves en confectionnent chacun 8, combien y aura-t-il de boules ?

Réponse :

5 Deux équipes participent à l'épreuve de ski. Chaque équipe est composée de 3 garçons et de 3 filles. Combien de personnes participent à l'épreuve de ski ?

Réponse :

6 Une dame a fait 7 pots de jus d'orange. Chaque pot contient environ 9 verres de jus. Combien de verres de jus pourra-t-elle servir ?

Réponse :

Transposer en une expression mathématique l'énoncé d'un problème comportant une multiplication. [Opérations]

Résoudre un problème

a b c d e f g h i j k l m n o p q r s t u v w x y z

Résoudre un problème

Voici les étapes pour résoudre un problème mathématique :
1) Comprendre le problème et ce qui est demandé.
2) Illustrer le problème par un dessin, un schéma, etc.
3) Effectuer les calculs en utilisant du matériel, au besoin.
4) Vérifier la réponse.

Résous les problèmes suivants.

1 Dans un magasin de sport, il y a des bicyclettes et des tricycles. S'il y a 14 roues et 6 guidons en tout, combien y a-t-il de bicyclettes et de tricycles ?

Réponse :

2 Au cinéma, un billet pour adulte coûte 7 $ et un billet pour enfant coûte 5 $. Mon oncle a acheté 4 billets pour adultes et 5 billets pour enfants. Combien a-t-il déboursé ?

Réponse :

3 La mère de mon amie cultive 8 plants de tomates. Chaque plant porte 6 tomates. Combien y a-t-il de tomates en tout ?

Réponse :

4 La semaine dernière, ma tante a fait réparer sa voiture. La facture était de 587 $. Le mois dernier, elle avait déjà payé 426 $ pour des réparations. En tout, combien les réparations lui ont-elle coûté ?

Réponse :

5 Le manteau de mon père a coûté 350 $ et le mien, 223 $. Combien le manteau de mon père a-t-il coûté de plus que le mien ?

Réponse :

6 Martin a 6 ans. Julie a la moitié de son âge et Karine a 3 fois l'âge de Julie. Quel est l'âge de Julie ? de Karine ?

Réponse : Julie : Karine :

a b c d e f g h i j k l m n o p q r s t u v w x y z

Résoudre un problème

Voici les étapes pour résoudre un problème mathématique :
1) Comprendre le problème et ce qui est demandé.
2) Illustrer le problème par un dessin, un schéma, etc.
3) Effectuer les calculs en utilisant du matériel, au besoin.
4) Vérifier la réponse.

Voici quelques problèmes concernant les billets et les pièces de monnaie. À toi de les résoudre.

1 Maude a 5 pièces de 10 ¢ et 2 pièces de 1 ¢.
Hélène a 3 pièces de 10 ¢ et 8 pièces de 1 ¢.
Combien d'argent ont-elles en tout ? Réponse :

2 Pascal veut acheter une balle à 58 ¢,
un livre à 6 $ et un taille-crayon à 89 ¢.
Combien lui coûteront ces achats ? Réponse :

3 Ma sœur a reçu 4 billets de 10 $
et 5 pièces de 1 $ pour son anniversaire.
Quelle somme a-t-elle reçue ? Réponse :

4 Un litre de jus de raisin coûte 99 ¢.
Avec 2 $, puis-je acheter 2 litres de jus ?
Pourquoi ? Réponse :

5 Un album de bandes dessinées coûte 8 $.
Combien coûtent 6 albums ? Réponse :

6 Si une plante araignée coûte 10 $,
combien coûtent 4 plantes semblables ? Réponse :

Résoudre un problème (vocabulaire)
Quand tu résous un problème, certaines expressions évoquent une situation d'addition.
Exemples : « en tout », « ensemble », « au total ».
D'autres mots évoquent une situation de soustraction.
Exemples : « enlève », « différence », « de moins ».

Assure-toi de bien poser ta question.

Compose un problème pour chaque illustration. Demande à une personne de ton entourage de résoudre ces problèmes.

1

____
____
____

2

____
____
____

3

____
____
____

4

____
____
____

5

____
____
____

6

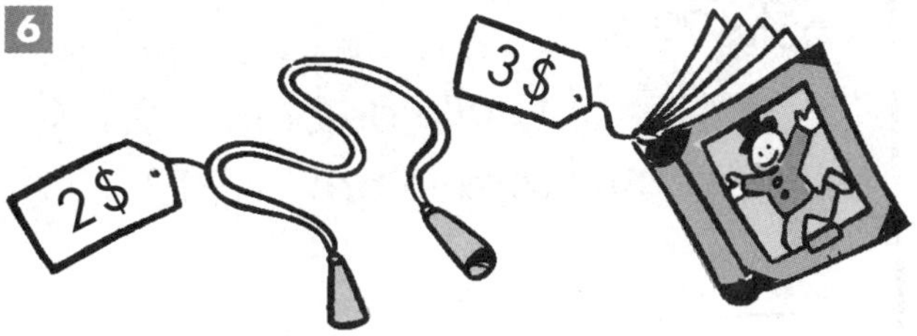

____
____
____

Composer des problèmes à partir des données fournies. [Opérations]

Résoudre un problème (vocabulaire)

a b c d e f g h i j k l m n o p q r s t u v w x y z

Résoudre un problème (vocabulaire)
Quand tu résous un problème, certaines expressions évoquent une situation d'addition.
Exemples : « en tout », « ensemble », « au total ».
D'autres mots évoquent une situation de soustraction.
Exemples : « enlève », « différence », « de moins ».

Écris l'opération qui permet de résoudre le problème et donne la réponse.

1 Un chandail de laine coûte 85 $. Une paire de gants de cuir coûte 53 $. Combien le chandail coûte-t-il de plus que les gants ?

____

2 Un jeu vidéo de poche coûte 127 $ et un jeu d'échecs coûte 95 $. Combien le jeu d'échecs coûte-t-il de moins que le jeu vidéo ?

____

____

____

3 Une paire de bottes de ski coûte 350 $. La mère de Gabriel verse un accompte de 80 $. Combien lui restera-t-il à débourser lorsqu'elle ira chercher les bottes ?

____

____

4 Le père de Kalianne veut acheter un parfum à son épouse. Le parfum coûte 72 $. S'il ajoute la crème de nuit à 45 $ et l'huile de bain à 27 $, quel sera le prix total ?

____

____

5 Raphaël confectionne lui-même ses cadeaux. Il a 50 $ pour acheter le matériel nécessaire, mais il lui faudrait 78 $. Combien d'argent lui manque-t-il ?

____

____

Segment

Un segment est une portion de droite limitée par deux points.

Exemple : Le segment AB de la droite *d* mesure 2 cm.

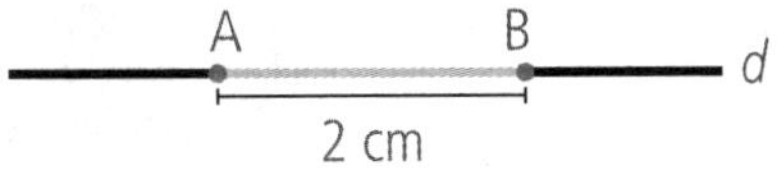

Avec ta règle, mesure les segments et écris les mesures dans le tableau.

Imagine que c'est un drôle d'animal. Ajoute-lui des yeux, une queue, etc. Colorie-le.

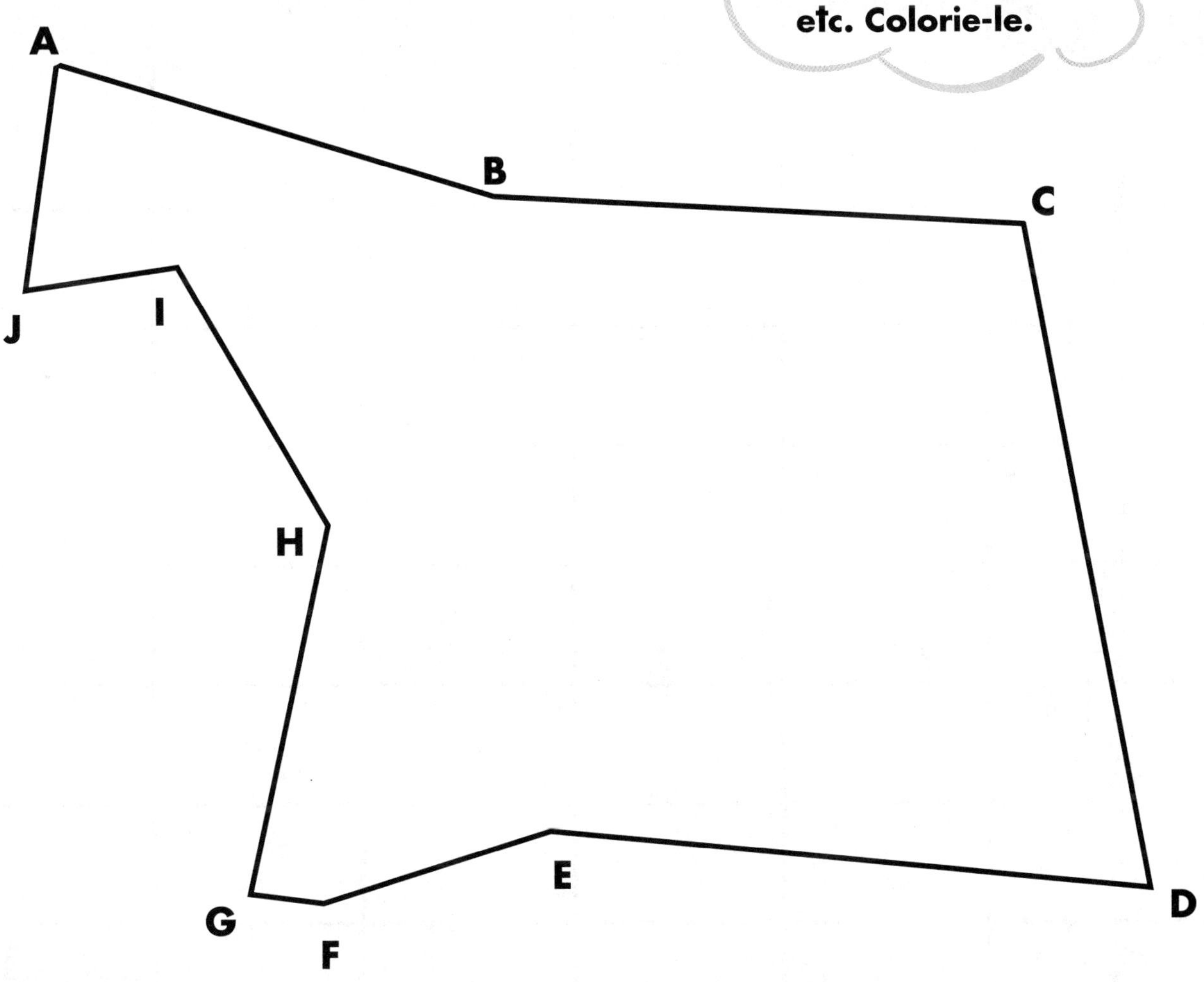

Segment	Mesure
AB	→
BC	→
CD	→
DE	→
EF	→

Segment	Mesure
FG	→
GH	→
HI	→
IJ	→
JA	→

Solide

Un solide est une portion de l'espace à 3 dimensions délimitée par une ou plusieurs surfaces fermées.

Exemples :

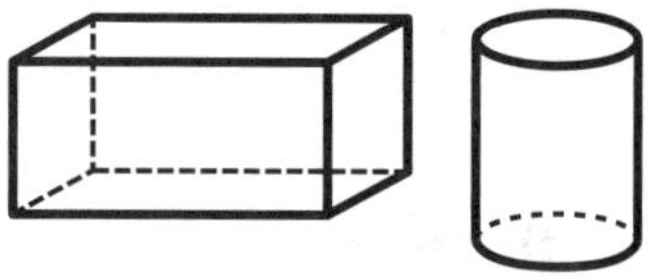

http://webcec.ca/p38/

Regarde bien les solides et remplis le tableau.

Solide	Nombre de 	Nombre de 	Nombre de 	Nombre de 	Nombre de 
A 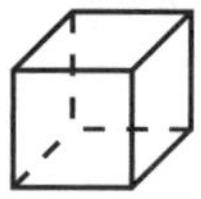					
B 					
C 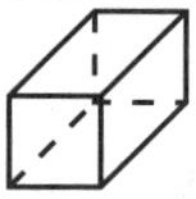					
D 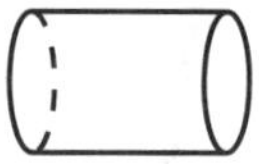					
E 					
F 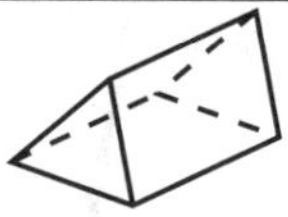					
G 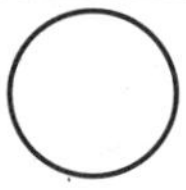					
H 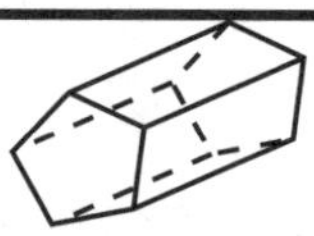					
I 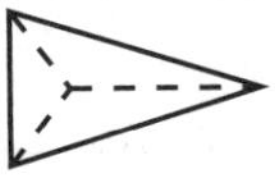					
J 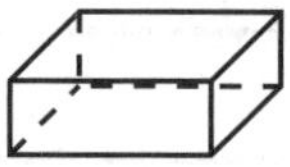					
K 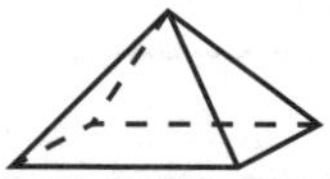					

Associer un solide à l'ensemble des figures à deux dimensions qui composent sa surface. [Géométrie]

Solides dans l'environnement

Les objets de notre environnement ont la forme de solides. 

Exemples : Une boîte de conserve a la forme d'un cylindre.

Un ballon a la forme d'une boule. 

Une boîte de papiers-mouchoirs a la forme d'un prisme. 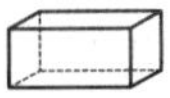

http://webcec.ca/p38/

À quoi te fait penser chacun des solides suivants ?

A

B

C
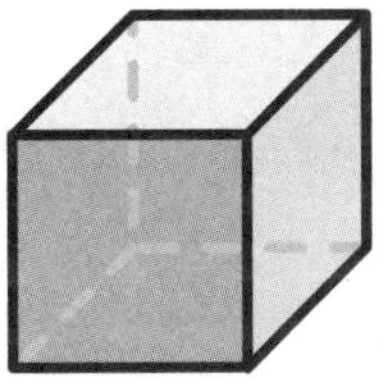

D
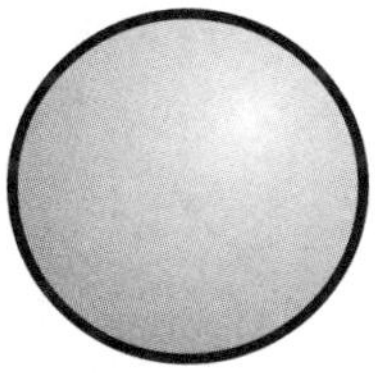

E
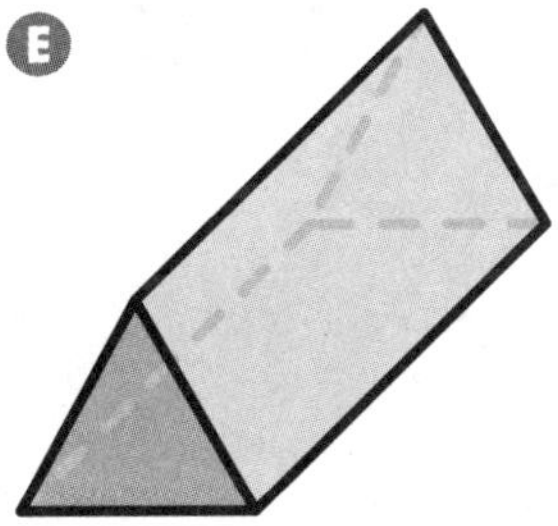

F
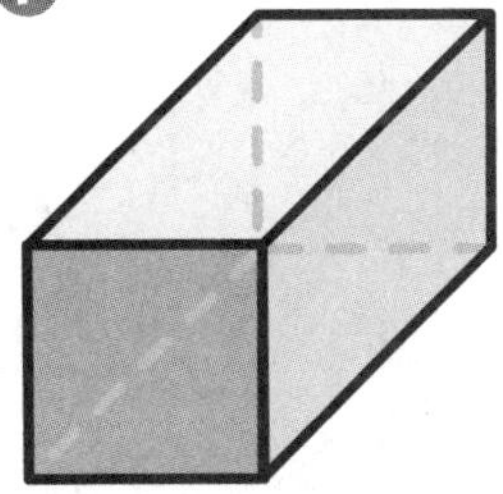

G
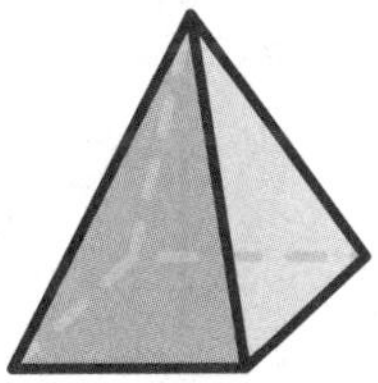

H
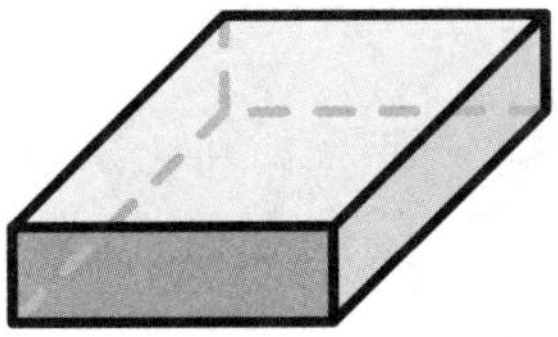

I
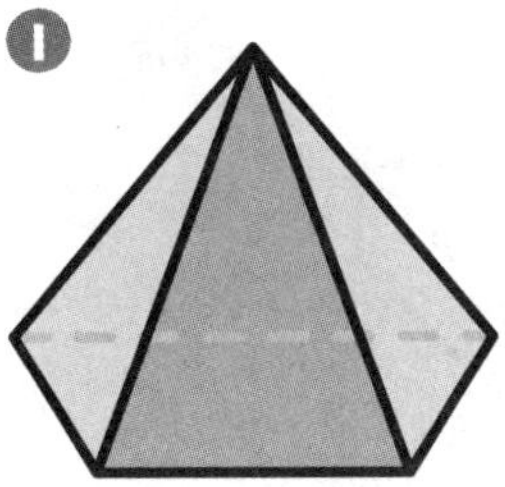

J

K
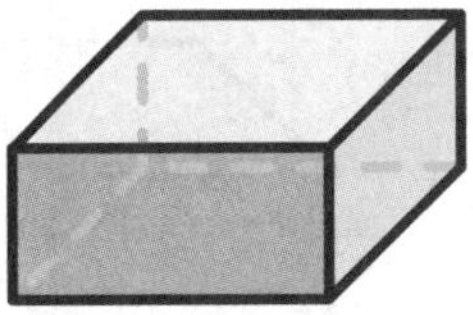

Solides dans l'environnement

Solides dans l'environnement

Les objets de notre environnement ont la forme de solides. 

Exemples : Une boîte de conserve a la forme d'un cylindre.

Un ballon a la forme d'une boule. 

Une boîte de papiers-mouchoirs a la forme d'un prisme. 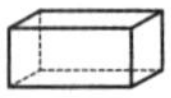

http://webcec.ca/p38/

Nomme deux objets qui ont la forme des solides suivants.

1

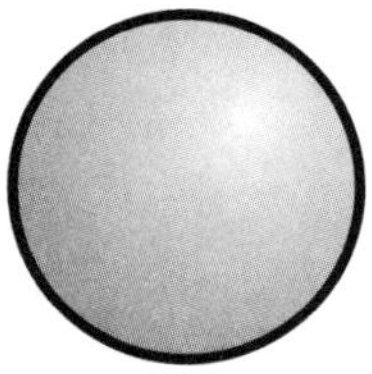

____

____

2

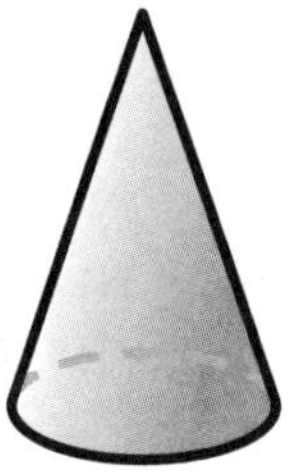

____

____

3

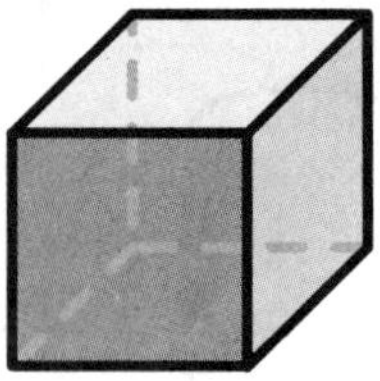

____

____

4

____

____

5

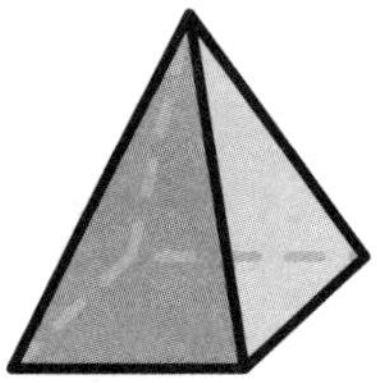

____

____

6

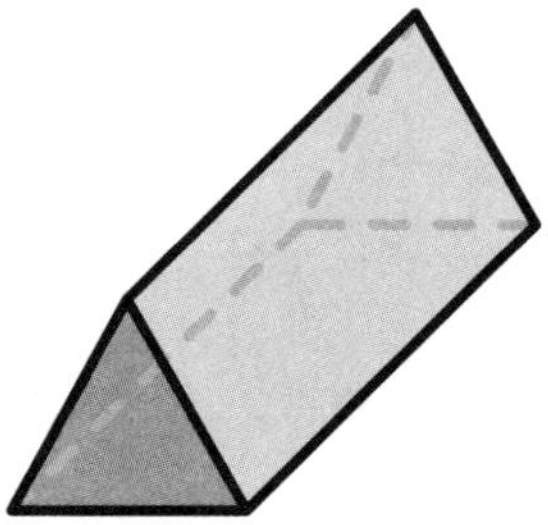

____

____

7

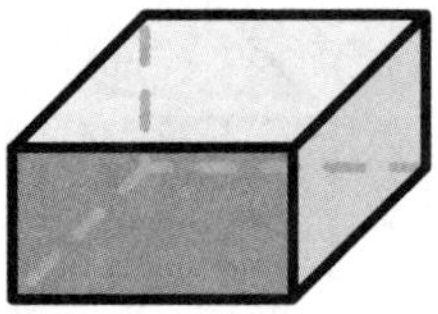

____

____

8

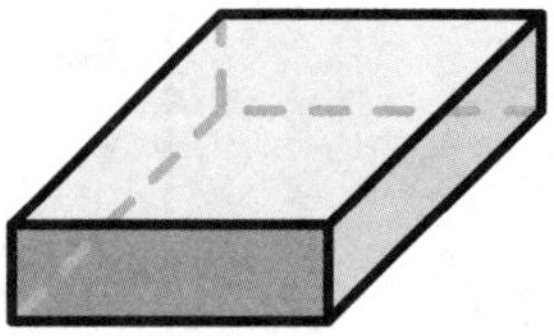

____

____

9

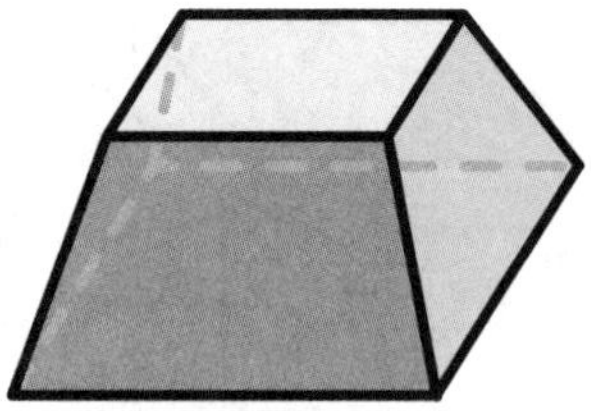

____

____

Somme

Une somme est le résultat d'une addition.

Exemple : 8 + 4 = 12

Termes Somme

Voici des petits jeux mathématiques. À toi de trouver les solutions.

1 Voici un carré magique. Place les chiffres 2 – 5 – 6 – 7 – 8 – 9 dans les cases. Les sommes ↔, ↕ et ⤫ doivent être les mêmes.

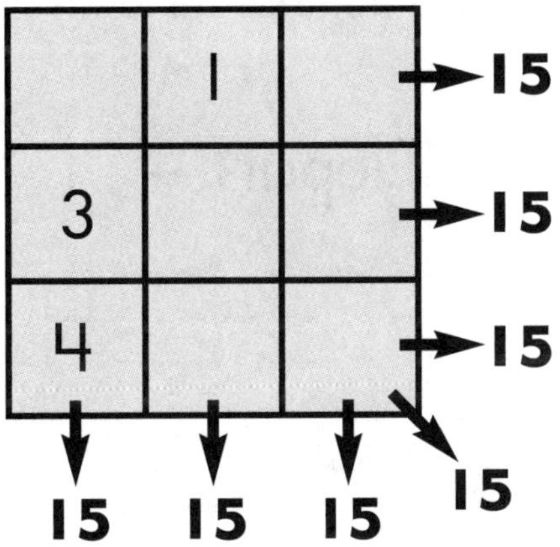

2 Découvre ce que signifient les flèches :

→ ________

⇢ ________

Complète ensuite le carré.

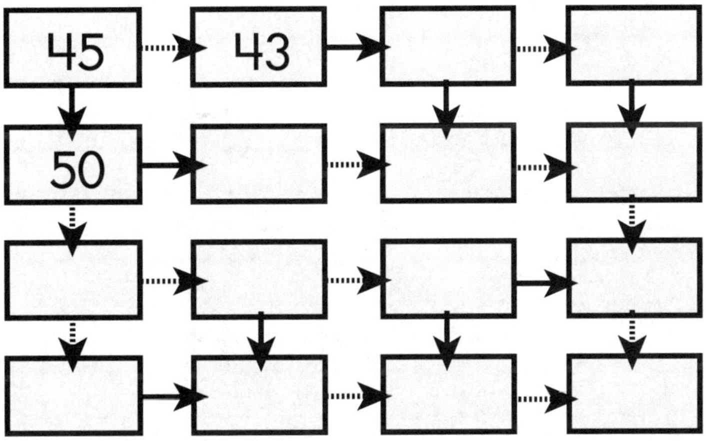

3 Fais des X aux bons endroits dans le tableau.

↗ … est plus petit que…

↗	728	103	526	948	920	859	643	347
227								
642								
831								

a b c d e f g h i j k l m n o p q r s t u v w x y z

Somme

Une somme est le résultat d'une addition.

Ajoute 1 au nombre de départ. Ajoute ensuite 1 au nombre obtenu, et ainsi de suite. Quel est le nombre de la fin ?

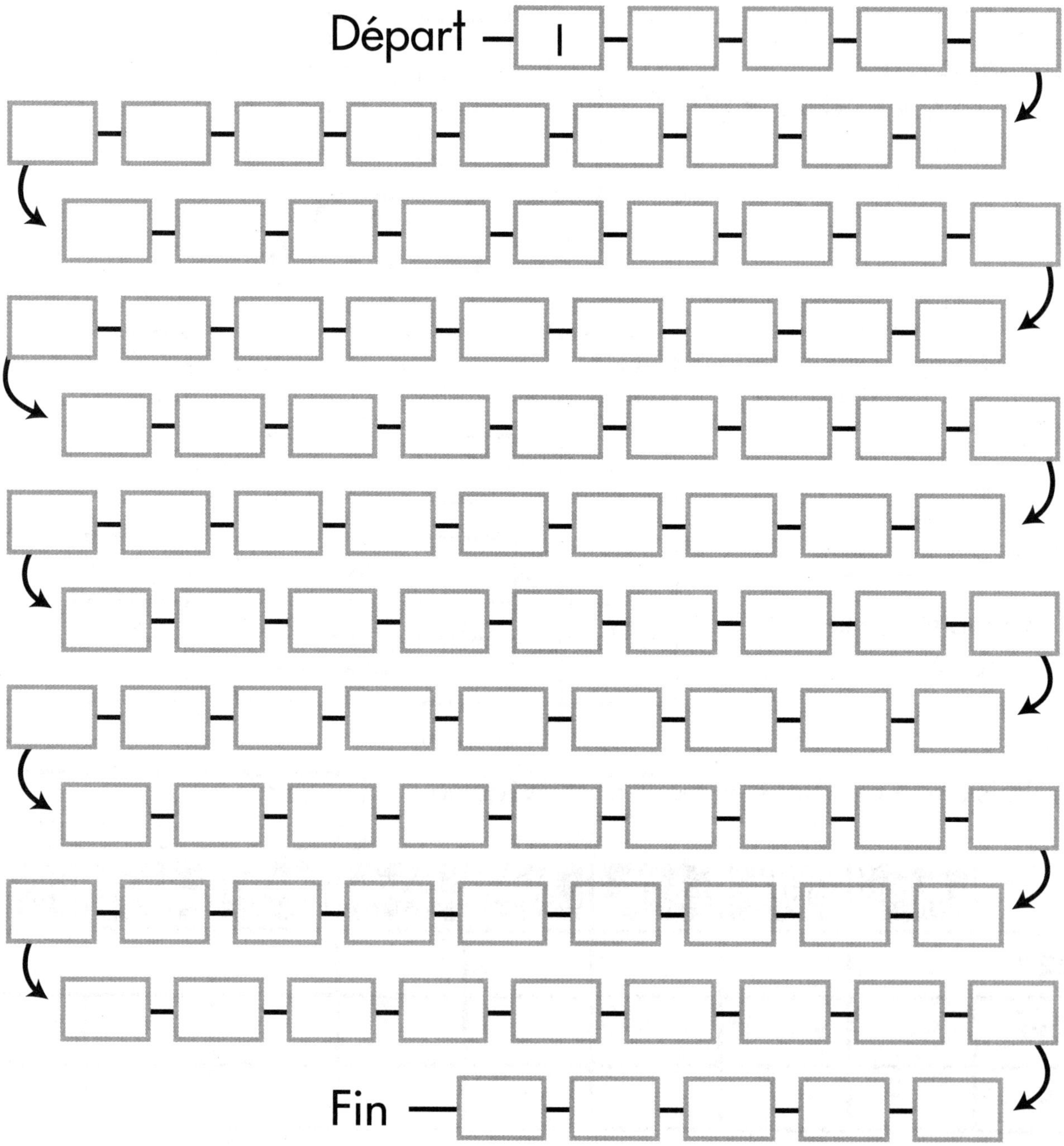

 Lire, écrire et ordonner des nombres inférieurs à 100. [Numération]

Soustraction avec emprunt

Soustraction avec emprunt

Exemple : 54 − 28

Soustrais d'abord les unités. Tu ne peux pas effectuer 4 − 8.
Emprunte alors une dizaine dans la colonne des dizaines.
Reporte cette dizaine dans la colonne des unités.
Soustrais les unités : 14 − 8 = 6.
Soustrais les dizaines : 4 − 2 = 2.

	d	u
	4 ~~5~~	① 4
−	2	8
	2	6

http://webcec.ca/y48/

Effectue ces soustractions.
Attention aux emprunts !

1 98 − 19	**2** 73 − 24	**3** 27 − 19	**4** 48 − 19	**5** 58 − 29	**6** 65 − 39
7 42 − 18	**8** 56 − 27	**9** 60 − 35	**10** 76 − 28	**11** 45 − 19	**12** 37 − 18
13 88 − 49	**14** 94 − 77	**15** 35 − 18	**16** 90 − 78	**17** 87 − 19	**18** 70 − 13
19 64 − 25	**20** 71 − 37	**21** 62 − 26	**22** 44 − 16	**23** 60 − 16	**24** 52 − 14
25 51 − 25	**26** 92 − 13	**27** 95 − 57	**28** 50 − 27	**29** 71 − 22	**30** 91 − 63

Effectuer mentalement et par écrit des soustractions dont le premier terme est inférieur à 100. [Opérations]

a b c d e f g h i j k l m n o p q r s t u v w x y z

Soustraction avec emprunt

Exemple : 54 − 28

Soustrais d'abord les unités. Tu ne peux pas effectuer 4 − 8.
Emprunte alors une dizaine dans la colonne des dizaines.
Reporte cette dizaine dans la colonne des unités.

Soustrais les unités : 14 − 8 = 6.

Soustrais les dizaines : 4 − 2 = 2.

d	u
~~5~~ 4	① 4
− 2	8
2	6

http://webcec.ca/y48/

Les élèves de la classe reçoivent de l'argent scolaire pour leur bon comportement. À la fin du mois, ils peuvent s'offrir des petits cadeaux avec cet argent. Voici ce que certains élèves veulent acheter. Combien d'argent restera-t-il à chacun après son achat ?

Élèves	Argent reçu	Objet désiré	Prix	Opération	Reste
Kim	10$ 10$ 10$ 10$ 10$ 10$ 1$ 1$ 1$				
Carl	10$ 10$ 10$ 10$ 10$ 10$ 10$ 10$ 10$ 10$ 10$ 1$				
Pascal	100$ 100$ 10$ 10$ 1$ 1$ 1$ 1$				
Annik	10$ 10$ 10$ 1$ 1$ 1$ 1$ 1$ 1$ 1$ 1$ 1$				
Maryne	100$ 10$ 10$ 10$ 10$ 10$ 1$ 1$	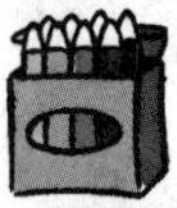			
Vanessa	100$ 100$ 100$ 100$ 1$				
Gabriel	10$ 10$ 10$ 10$ 10$ 10$ 10$ 10$ 10$ 10$ 10$ 10$ 10$ 10$ 10$ 10$				
Ariane	100$ 1$ 1$ 10$ 10$ 10$ 10$ 10$ 10$ 1$				

Effectuer mentalement et par écrit des soustractions dont le premier terme est inférieur à 100. [Opérations]

Soustraction avec emprunt

Soustraction avec emprunt

Exemple :

$$\begin{array}{r} 54 \\ -\ 28 \\ \hline \end{array}$$

Soustrais d'abord les unités. Tu ne peux pas effectuer 4 − 8.
Emprunte alors une dizaine dans la colonne des dizaines.
Reporte cette dizaine dans la colonne des unités.
Soustrais les unités : 14 − 8 = 6.
Soustrais les dizaines : 4 − 2 = 2.

$$\begin{array}{rr} d & u \\ {}^{4}\not{5} & {}^{1}4 \\ -\ 2 & 8 \\ \hline 2 & 6 \end{array}$$

http://webcec.ca/y48/

Écris la somme ou la différence dans chaque pomme.

1
824
95
+ 505

2
672
883
+ 126

3
103
86
+ 235

4
485
58
+ 379

5
932
147
+ 308

6
625
281
+ 133

7
124
568
+ 354

8
37
479
+ 526

9
693
− 327

10
900
− 297

11
863
− 455

12
744
− 598

13
572
− 193

14
238
− 119

15
901
− 235

16
765
− 337

a b c d e f g h i j k l m n o p q r s t u v w x y z

Soustraction avec emprunt

a b c d e f g h i j k l m n o p q r s t u v w x y z

Soustraction avec emprunt

Exemple : 54 − 28

Soustrais d'abord les unités. Tu ne peux pas effectuer 4 − 8.
Emprunte alors une dizaine dans la colonne des dizaines.
Reporte cette dizaine dans la colonne des unités.
Soustrais les unités : 14 − 8 = 6.
Soustrais les dizaines : 4 − 2 = 2.

d	u
~~5~~ 4	①4
− 2	8
2	6

http://webcec.ca/y48/

Fais les calculs et découvre les prénoms des amis de William à l'aide des indices.

1 — Lettre

- 335 + 312 =
- 807 − 569 =
- 905 − 23 =
- 524 + 136 =
- 565 − 327 =

2 — Lettre

- 700 + 241 =
- 687 − 449 =
- 661 + 321 =
- 352 + 308 =
- 489 − 79 =

3 — Lettre

- 789 − 456 =
- 235 + 486 =
- 884 + 96 =

4 — Lettre

- 488 + 492 =
- 955 − 234 =
- 105 + 836 =
- 392 + 556 =
- 126 + 112 =
- 369 + 145 =
- 300 + 360 =

5 — Lettre

- 447 + 363 =
- 997 − 115 =
- 460 + 200 =
- 387 + 334 =
- 854 − 340 =

6 — Lettre

- 886 − 239 =
- 461 − 223 =
- 962 − 238 =
- 546 + 436 =
- 494 + 227 =
- 999 − 58 =
- 300 + 33 =

7 — Lettre

- 667 − 429 =
- 228 + 432 =
- 821 − 307 =
- 341 + 307 =

8 — Lettre

- 852 − 263 =
- 201 + 209 =
- 943 − 296 =
- 788 + 160 =
- 960 − 239 =
- 447 + 67 =

9 — Lettre

- 785 − 125 =
- 991 − 109 =
- 568 + 373 =
- 854 − 340 =

Indices

A = 238	C = 941	E = 514	H = 948	I = 721	J = 810	K = 333	L = 660
M = 980	O = 410	P = 647	R = 982	S = 589	T = 724	U = 882	X = 648

Effectuer des additions et des soustractions de nombres naturels inférieurs à 1000. [Opérations]

Soustraction avec emprunt

Soustraction avec emprunt

Exemple : 54 − 28

Soustrais d'abord les unités. Tu ne peux pas effectuer 4 − 8.
Emprunte alors une dizaine dans la colonne des dizaines.
Reporte cette dizaine dans la colonne des unités.
Soustrais les unités : 14 − 8 = 6.
Soustrais les dizaines : 4 − 2 = 2.

d	u
~~5~~ 4	① 4
− 2	8
2	6

http://webcec.ca/y48/

Effectue les soustractions suivantes.

1. 805 − 127
2. 583 − 218
3. 600 − 383
4. 431 − 119
5. 712 − 226
6. 672 − 324
7. 483 − 125
8. 788 − 399
9. 566 − 328
10. 704 − 255
11. 971 − 443
12. 927 − 548
13. 347 − 109
14. 592 − 275
15. 900 − 378
16. 883 − 429

Effectuer des soustractions dont le premier terme est inférieur à 1000. [Opérations]

Tableau
Un tableau est une représentation claire et concise qui facilite la consultation de données.

C'est la remise des bulletins de la première étape. L'enseignante doit rencontrer ce soir la moitié des parents des élèves de la classe. Chaque rencontre dure 15 minutes. Établis un horaire en tenant compte des demandes des parents. Assure-toi que l'enseignante aura une pause de 30 minutes pour le souper.

1 Godbout (entre 17:00 et 18:00)
2 Ducharme (entre 19:00 et 20:00)
3 Cloutier (entre 18:00 et 19:00)
4 Hassad (entre 20:00 et 21:00)
5 Lefebvre (entre 18:00 et 19:00)
6 Cheng (entre 19:00 et 20:00)
7 Canac-Marquis (entre 20:00 et 21:00)
8 Nguyen (entre 17:00 et 18:00)
9 Brunet (entre 20:00 et 21:00)
10 Geneau (entre 19:00 et 20:00)
11 Petrov (entre 20:00 et 21:00)
12 Bisson (entre 17:00 et 18:00)
13 Plante (entre 17:00 et 18:00)
14 Meyer (entre 18:00 et 19:00)

Horaire	Nom
17:00	
17:15	
17:30	
17:45	
18:00	
18:15	
18:30	
18:45	

Horaire	Nom
19:00	
19:15	
19:30	
19:45	
20:00	
20:15	
20:30	
20:45	

Table de multiplication

Mémoriser la table de multiplication des nombres de 0 à 9 facilite beaucoup les calculs.

http://webcec.ca/e89/

Mélanie a fait une liste des cadeaux qu'elle aimerait recevoir pour Noël. Sa famille lui a promis une belle surprise. Quel sera le cadeau de Mélanie ? Pour le savoir, effectue les multiplications suivantes. Utilise ensuite les indices codés.

1. 5 x 4 = ______
2. 4 x 8 = ______
3. 3 x 6 = ______
4. 9 x 8 = ______
5. 7 x 7 = ______
6. 0 x 3 = ______
7. 9 x 9 = ______
8. 3 x 8 = ______
9. 6 x 0 = ______
10. 8 x 6 = ______
11. 4 x 9 = ______
12. 5 x 7 = ______
13. 1 x 32 = ______
14. 6 x 4 = ______
15. 7 x 7 = ______
16. 6 x 2 = ______
17. 20 x 0 = ______
18. 8 x 4 = ______
19. 8 x 6 = ______
20. 3 x 7 = ______
21. 6 x 12 = ______
22. 2 x 10 = ______
23. 8 x 8 = ______
24. 3 x 10 = ______
25. 4 x 18 = ______
26. 1 x 20 = ______
27. 2 x 15 = ______
28. 2 x 12 = ______
29. 3 x 4 = ______
30. 0 x 9 = ______
31. 7 x 6 = ______
32. 0 x 2 = ______
33. 4 x 7 = ______
34. 6 x 6 = ______
35. 1 x 12 = ______
36. 3 x 4 = ______
37. 1 x 24 = ______

Indices

a = 0	d = 48	g = 81	j = 56	m = 28	p = 21	s = 35	v = 18	y = 49
b = 63	e = 24	h = 38	k = 45	n = 32	q = 70	t = 30	w = 25	z = 80
c = 41	f = 42	i = 36	l = 12	o = 72	r = 64	u = 20	x = 68	

Le cadeau de Mélanie est : __.

Terme manquant

Un terme manquant est un terme absent dans une égalité.

Exemple : Dans l'égalité 6 − □ = 10, le terme manquant est 4.

Terme manquant

Dans les citrouilles, les carrés représentent les termes manquants. Écris ces termes.

A
```
  5 2 6
+ □ 1 1
-------
  9 3 7
```

B
```
  □ 9 0
+ 3 2 7
-------
  6 1 7
```

C
```
  8 □ 4
− 3 2 3
-------
  □ 5 □
```

D
```
  6 6 1
− □ 7 8
-------
  4 8 □
```

E
```
  7 5 3
− 1 □
-------
  □ 1 1
```

F
```
  4 0 0
−   □ 7
-------
  1 6 3
```

G
```
  3 □
+ □ 8 9
-------
  7 4 3
```

H
```
  2 4 5
+ □
-------
  7 0 3
```

I
```
  □
+ □ 7 9
-------
  4 9 1
```

J
```
  4 9 □
+ 3 □ 2
-------
  □ 1 5
```

K
```
  □   0
− 2 5 1
-------
  1 1 9
```

L
```
  5 5 3
−   □ 4
-------
  1 3 □
```

M
```
  9 3 1
− 5 □
-------
  □ 7 1
```

N
```
  □ 9 2
− 4 □ 4
-------
  1 6 □
```

O
```
  □ 5 □
+ 3 □ 1
-------
  9 0 0
```

P
```
  □ 7 3
+   □ 0
-------
  5 7 □
```


Effectuer mentalement et par écrit des additions et des soustractions. [Opérations]

Terme manquant
Un terme manquant est un terme absent dans une égalité.
Exemple : Dans l'égalité 6 − ☐ = 10, le terme manquant est 4.

Terme manquant

Voici le nombre de kilomètres parcourus par 8 voitures en 3 jours. Écris les nombres qui manquent.

		lundi	+	mardi	+	mercredi	=	total
1		37 km	+	km	+	52 km	=	263 km
2		56 km	+	49 km	+	km	=	137 km
3		km	+	86 km	+	235 km	=	591 km
4		km	+	147 km	+	324 km	=	858 km
5		409 km	+	275 km	+	km	=	977 km
6		193 km	+	km	+	321 km	=	660 km
7		338 km	+	94 km	+	31 km	=	km
8		km	+	246 km	+	162 km	=	717 km

a b c d e f g h i j k l m n o p q r s t u v w x y z

a b c d e f g h i j k l m n o p q r s t u v w x y z

Valeur de position

La valeur de position est la valeur d'un chiffre en fonction de sa position dans l'écriture d'un nombre.

Exemple : Dans le nombre 657,
- le chiffre 7 vaut 7 unités ;
- le chiffre 5 vaut 5 dizaines ;
- le chiffre 6 vaut 6 centaines.

http://webcec.ca/g86/

Daniel fait l'inventaire de son usine de vêtements. Voici les quantités de vêtements :

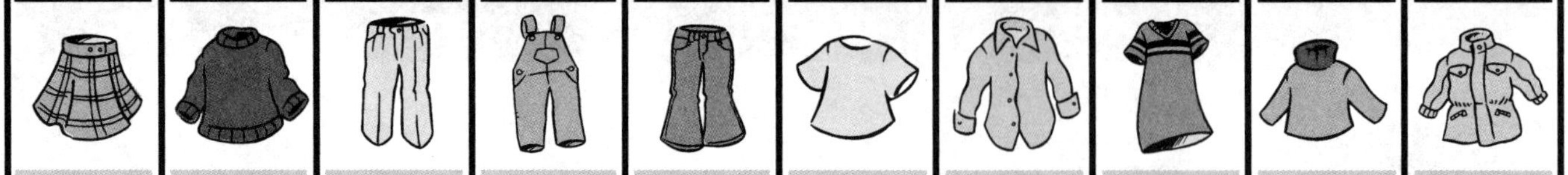

Jupes	Chandails	Pantalons	Salopettes	Jeans	T-shirts	Blouses	Robes	Cols roulés	Manteaux
482	669	783	759	957	696	824	873	966	842

Quel vêtement correspond à chacune des quantités suivantes?

A
5 dizaines
7 centaines
9 unités

______

B
9 + 60 + 300 + 300

______

C
9 centaines
6 unités
6 dizaines

______

D
6 unités
9 dizaines
6 centaines

______

E
300 + 80 + 100 + 2

______

F
20 + 800 + 2 + 20

______

G
9 centaines
5 dizaines
7 unités

______

H
400 + 4 + 20 + 400

______

I
7 dizaines
8 centaines
3 unités

______

J
2 unités
8 centaines
4 dizaines

______

K
40 + 700 + 3 + 40

______

L
4 unités
2 dizaines
8 centaines

______

Valeur de position

Valeur de position

La valeur de position est la valeur d'un chiffre en fonction de sa position dans l'écriture d'un nombre.

Exemple : Dans le nombre 657,
- le chiffre 7 vaut 7 unités ;
- le chiffre 5 vaut 5 dizaines ;
- le chiffre 6 vaut 6 centaines.

http://webcec.ca/g86/

Voici quelques activités pour toi.

1 Souligne le chiffre qui occupe la position des dizaines.

1346	2681	732	3422
579	680	1907	761
321	5893	485	1374

2 Entoure le chiffre qui occupe la position des centaines.

289	2569	878	1837
131	705	1426	2665
902	3623	3944	547

3 Biffe le chiffre qui occupe la position des unités.

145	976	671	794
320	2057	1362	1449
835	548	3403	684

Volume

Le volume est la mesure de la portion de l'espace délimitée par un solide.

Exemple : Le volume de ce cube est de 64 cubes-unités.

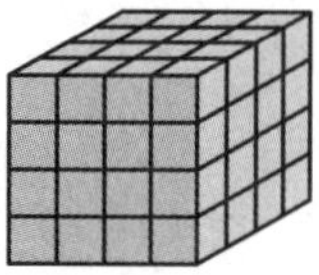

http://webcec.ca/m94/

Voici des constructions :

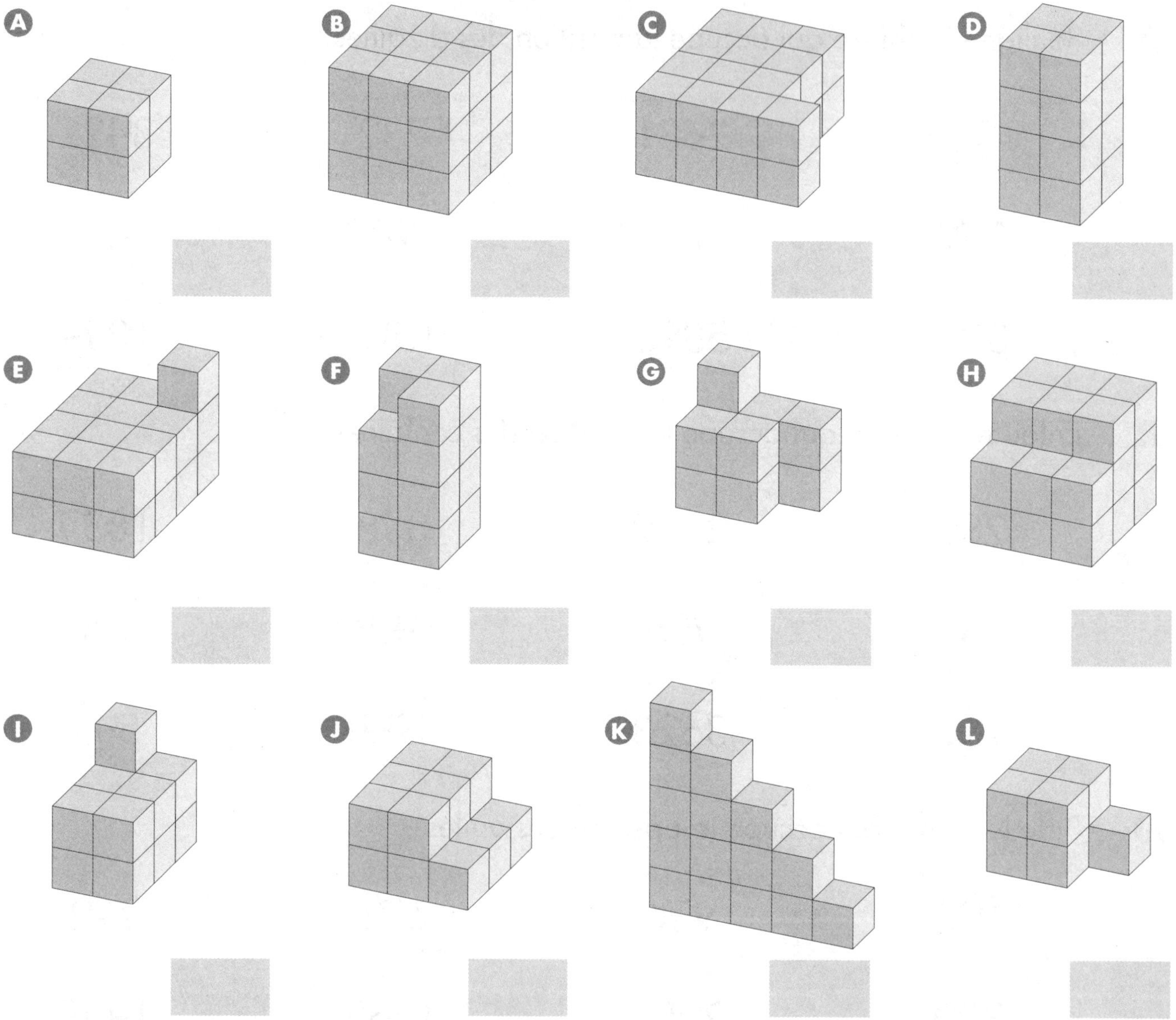

1 Au-dessous de chaque construction, écris le nombre de cubes utilisés.

2 Place les constructions en ordre croissant selon le nombre de cubes utilisés.

Trouver les volumes de différents objets en unités non conventionnelles. [Mesure]

Zéro

Le nombre 0 est l'élément neutre dans l'addition.

Exemple : $3 + 0 = 0 + 3 = 3$

Le nombre 0 est l'élément absorbant dans la multiplication.

Exemple : $9 \times 0 = 0 \times 9 = 0$

Essaie d'effectuer les opérations suivantes en moins de 10 minutes. Note le temps qu'il te faut pour calculer.

TEMPS : _____ min

1 9 + 6 =	**17** 0 x 6 x 4 =	**33** 10 − 0 =
2 12 − 3 =	**18** 2 x 2 x 2 =	**34** 6 x 8 =
3 18 − 5 =	**19** 8 + 1 + 7 =	**35** 5 x 5 =
4 7 + 8 =	**20** 18 − 7 − 3 =	**36** 18 − 8 =
5 13 − 6 =	**21** 2 x 5 x 1 =	**37** 12 − 5 =
6 5 x 3 =	**22** 11 − 0 − 8 =	**38** 14 − 9 =
7 0 + 5 =	**23** 1 x 6 x 3 =	**39** 2 x 8 =
8 6 x 6 =	**24** 4 + 7 + 2 =	**40** 3 x 7 =
9 15 − 11 =	**25** 13 − 5 − 1 =	**41** 6 + 8 =
10 3 x 8 =	**26** 3 + 9 + 6 =	**42** 11 − 7 =
11 5 + 12 =	**27** 2 x 4 x 2 =	**43** 18 − 9 =
12 7 + 9 =	**28** 6 + 6 + 2 =	**44** 11 − 2 =
13 5 x 6 =	**29** 1 + 7 + 4 =	**45** 4 x 4 =
14 17 − 3 =	**30** 16 − 2 − 5 =	**46** 7 x 8 =
15 0 x 4 =	**31** 13 − 9 − 2 =	**47** 9 + 5 =
16 8 + 8 =	**32** 8 − 3 − 3 =	**48** 16 − 9 =

Corrigé

Page 5

1. 63	2. 64	3. 90	4. 90	5. 64	6. 102
7. 101	8. 50	9. 80	10. 61	11. 92	12. 84
13. 90	14. 32	15. 55	16. 100	17. 31	18. 73
19. 56	20. 86	21. 100	22. 48	23. 105	24. 101
25. 60	26. 94	27. 73	28. 100	29. 72	30. 90
31. 76	32. 90	33. 95	34. 87	35. 100	36. 140

Page 6

1. 55	2. 171	3. 79	4. 500	5. 125	6. 183
7. 294	8. 476	9. 55	10. 922	11. 258	12. 263
13. 519	14. 115	15. 279	16. 953	17. 78	18. 750
19. 283	20. 859	21. 148	22. 135	23. 415	24. 273

Ce nombre est : QUATORZE

Page 7

1. 971	2. 962	3. 430	4. 900	5. 666	6. 491
7. 645	8. 702	9. 872	10. 300	11. 887	12. 751
13. 896	14. 704	15. 695	16. 769		

Page 8

A)	728	906	773	562	505	625	904	974
B)	697	452	385	94	405	295	425	447
C)	119	101	405	459	231	472	667	514
D)	169	259	139	404	494	709	764	911
	128	224	118	357	475	671	699	833

Page 9

Réponses variées. Exemples :

1. 12 carrés-unités. 2. 12 carrés-unités. 3. 10 carrés-unités.
4. 8 carrés-unités. 5. 13 carrés-unités. 6. 11 carrés-unités.

Page 10

Chambre des parents : 137
Salle de jeu : 126
Chambre de Jacob : 95
Chambre d'enfant : 66
Cuisine : 130
Salon : 98
Salle de bain : 68

Page 11

A) 21	B) 24	C) 21	D) 20	E) 15	F) 30
G) 23	H) 56	I) 21	J) 18	K) 16	L) 21

Même aire : A, C, I et L

Page 12

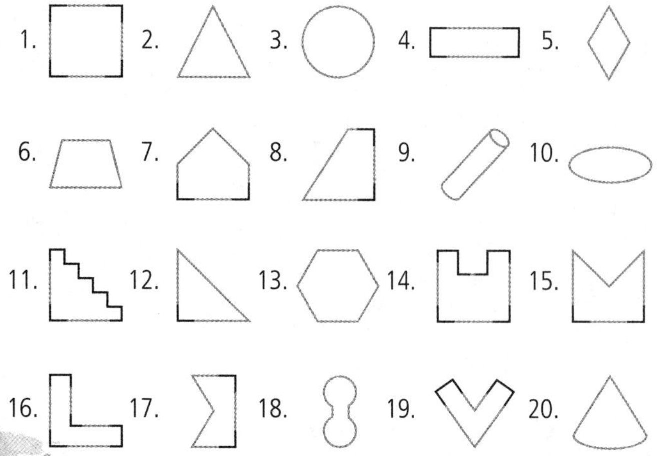

Page 13

Horizontalement

1. addition ; sept
3. congrus
5. cent
6. brisée
7. décimètre
9. carré
10. un
11. six
12. centaines

Verticalement

2. différences
6. convexe
8. produit
11. soustraction
13. sommets
15. réflexion

Page 14

1.

40	358	878	138
58	499	666	497
101	722	408	899
169	526	916	459
27	430	775	999

2.

270	90	102	486
401	700	80	378
78	704	890	1000
810	469	503	70
999	371	998	200

3.

48	325	489
345	77	994
888	775	604
100	143	265
578	579	999

Page 15

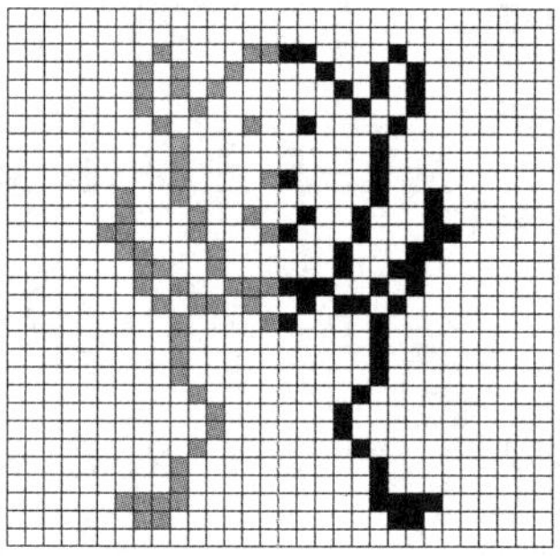

Page 16 Réponses variées

Page 17

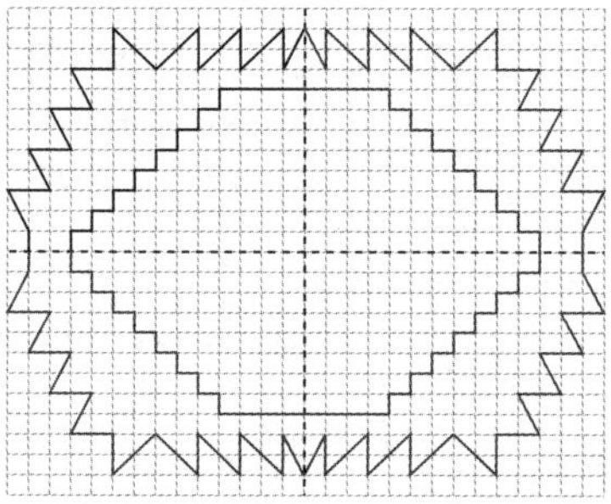

Page 18

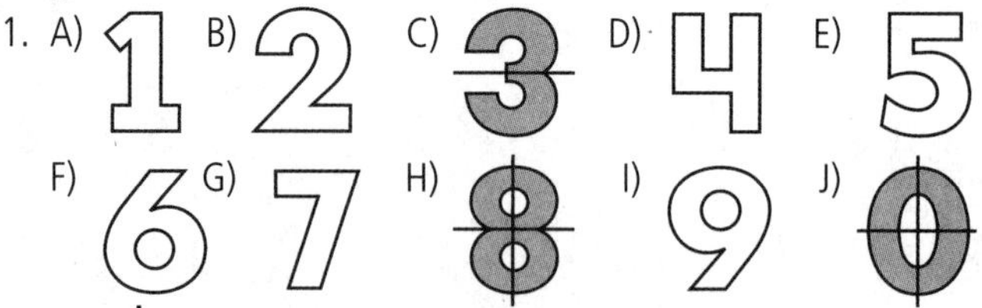

Corrigé

Page 19

1. A) 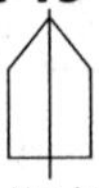 B)  C) 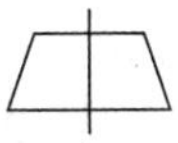 D) 

E) Une infinité d'axes  F) 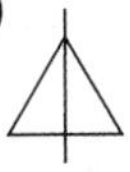 G) 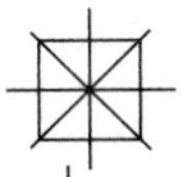 H) 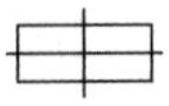

I) 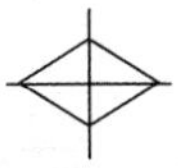 J) 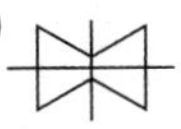 K) 

2. Réponses variées.

Page 20

Page 21

1. A) cube B) boule C) prisme triangulaire
   D) cône E) pyramide à base carrée
   F) cylindre G) prisme rectangulaire
   H) pyramide à base triangulaire
2. Le solide A : 6 carrés
   Le solide C : 3 rectangles et 2 triangles
   Le solide E : 4 triangles et 1 carré
   Le solide G : 6 rectangles
   Le solide H : 4 triangles

Page 22

1. 665 poissons
2. 960 901 611 925 785 910 772 888
   Réponse : ANGUILLE
3. 49 81 54
   63 21 9
   15 27 7 Réponse : 54 $

Page 23

A) m B) dm C) m D) cm E) cm
F) m G) m H) dm I) cm J) cm
K) dm L) cm M) m N) m O) dm

Page 24

1. A) 6 cm B) 7 cm C) 14 cm D) 5 cm E) 9 cm F) 15 cm
2. 56 cm
3. Non. Le centimètre est trop court pour représenter un vrai trajet.
4. C : 1,4 dm ou 1 dm 4 cm F : 1,5 dm ou 1 dm 5 cm

Page 25

Fleur	Estimation (en cm)	Mesure (en cm)	Fleur	Estimation (en cm)	Mesure (en cm)
A		5 cm	E		2 cm
B		7 cm	F		7 cm
C		3 cm	G		9 cm
D		6 cm	H		1 cm

Page 26

1. 4 cm² 2. 7 cm² 3. 3 cm² 4. 8 cm²
5. 15 cm² 6. 9 cm² 7. 18 cm² 8. 7 cm²

Page 27

1.

×	2	7	3	6	0	1	5	8	4	9
1	2	7	3	6	0	1	5	8	4	9
4	8	28	12	24	0	4	20	32	16	36
5	10	35	15	30	0	5	25	40	20	45
2	4	14	6	12	0	2	10	16	8	18
8	16	56	24	48	0	8	40	64	32	72
7	14	49	21	42	0	7	35	56	28	63
3	6	21	9	18	0	3	15	24	12	27
9	18	63	27	54	0	9	45	72	36	81
6	12	42	18	36	0	6	30	48	24	54
0	0	0	0	0	0	0	0	0	0	0

2. A) 18 I) 18
   B) 0 J) 72
   C) 10 K) 28
   D) 24 L) 36
   E) 49 M) 16
   F) 9 N) 12
   G) 35 O) 6
   H) 64 P) 81

Page 28

1. 0, 4, 8, 12, 16, 20, 24, 28, 32, 36, 40, 44, 48, 52, 56, 60
2. A) 638, **639**, **640**, 641, **642**, 643, **644**
   B) 121, **122**, **123**, 124, **125**, 126, **127**
   C) 783, **784**, **785**, 786, **787**, 788, **789**
   D) 324, **325**, **326**, 327, **328**, 329, **330**
3. 21, 24, 27, 30, 33
4. 726 – 627 – 603 – 595 – 492 – 306 – 295 – 294
5. A) 394 < 943 B) 625 < 652 C) 138 < 183
   D) 279 < 729 E) 101 < 171 F) 113 > 103
   G) 596 > 369 H) 443 > 334 I) 118 < 181
   J) 299 > 229 K) 808 < 818 L) 663 > 652

Page 29

1. 343 < 526
2. 79 > 51
3. 542 < 583
4. 450 = 200 + 250
5. 20 + 20 > 30 + 5
6. 72 > 6 x 7
7. 705 – 10 > 605 + 10
8. 9 x 7 = 60 + 3
9. 718 > 500 + 217
10. 5 + 90 + 100 < 2 + 4 + 100 + 100
11. 300 + 204 < 615
12. 3 x 10 = 15 + 15
13. 49 – 5 > 100 -71
14. 500 = 250 + 250
15. 12 + 18 + 3 < 17 + 13 +5
16. 749 < 974
17. 79 > 69
18. 40 + 35 = 70 + 5
19. 100 – 30 < 30 + 30 + 30
20. 78 > 65 + 3
21. 528 – 139 > 423 – 248
22. 7 x 5 = 15 + 15 + 5
23. 400 + 30 = 30 + 400
24. 878 > 530 + 70 + 8
25. 7 x 9 < 8 x 8
26. 10 + 1 > 10 – 1
27. 150 + 3 > 140 + 6
28. 100 + 50 + 9 = 9 + 50 + 100
29. 491 + 27 > 356 + 33
30. 275 – 25 = 25 + 25 + 200
31. 892 > 300 + 400
32. 381 + 277 = 377 + 281
33. 704 + 38 > 529 – 7
34. 30 + 30 + 9 = 20 + 40 + 9
35. 306 + 300 < 906
36. 882 – 653 < 792 – 536
37. 56 + 56 < 65 + 65
38. 123 + 321 < 312 + 231
39. 620 + 34 < 24 + 720
40. 76 – 37 < 86 – 27
41. 300 + 81 > 80 + 1 + 200
42. 171 – 10 > 151 – 20
43. 5 x 6 = 2 x 15
44. 786 < 868
45. 50 + 7 + 3 > 2 + 8 + 25
46. 997 – 8 = 981 + 8

Page 30

1.

	45 $	38 $	26 $	41 $	117 $	108 $	142 $
45 $		x	x	x			
38 $			x				
26 $							
41 $		x	x				
117 $	x	x	x	x		x	
108 $	x	x	x	x			
142 $	x	x	x	x	x	x	

2.

100 $	50 $	20 $	10 $	5 $	2 $	1 $	
1		1	1	1	2		= 139 $
	2	1	1	1	2		= 139 $
1			3	1	2		= 139 $
1		1	1			9	= 139 $
	2	1	1	1		4	= 139 $

Page 31

1. 16 2. 7 3. 8 4. 13 5. 12 6. 8
7. 13 8. 18 9. 2 10. 14 11. 13 12. 7
13. 14 14. 9 15. 17 16. 9 17. 9 18. 15
19. 13 20. 16 21. 10 22. 3 23. 16 24. 2
25. 10 26. 16 27. 11 28. 9 29. 13 30. 5
31. 5 32. 17 33. 16 34. 7 35. 12 36. 4
37. 6 38. 14 39. 15 40. 6 41. 8 42. 14
43. 6 44. 15 45. 10 46. 5 47. 11 48. 11
49. 17 50. 6

Page 32

Le nombre caché est 26.

Page 33

A. L'arbre de Nathan : 29 cm L'arbre de Nori : 29 cm
B. Les deux arbres ont le même périmètre. C. 2,9 dm

Page 34

Page 35

1. un chapeau 2. la lettre E
3. un bonhomme 4. un damier

Page 36

Un polyèdre est un solide dont toutes les faces sont planes.

Page 37

1. JACINTHE 2. TULIPE
3. ORCHIDÉE 4. NARCISSE
5. MARGUERITE

Page 38

3 côtés		4 côtés		5 côtés		6 côtés		7 côtés		8 côtés et plus	
B		C	D	F	G	A	H			K	M
		E	L	J		I				O	
		N	P								

Page 39

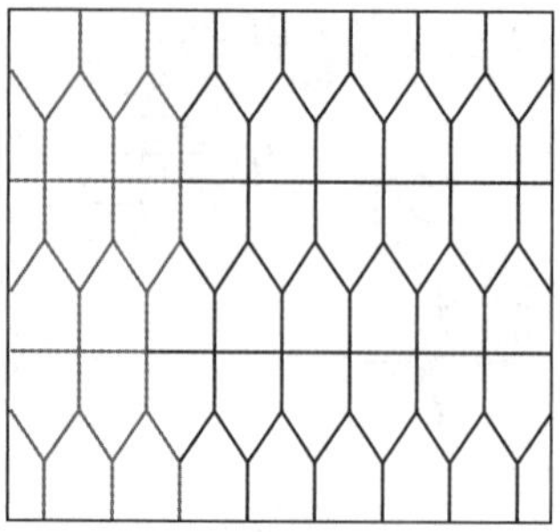

Page 40

Objet	m	dm
A)		x
B)	x	
C)	x	
D)		x
E)		x
F)		x
G)	x	
H)		x
I)		x
J)		x
K)	x	

Objet	m	dm
L)	X	
M)	X	
N)		x
O)	X	
P)		x
Q)		x
R)	X	
S)	X	
T)	X	
U)	X	
V)		x

Page 41

1. Faux 2. Faux 3. Vrai 4. Vrai 5. Faux 6. Vrai
7. Faux 8. Vrai 9. Vrai 10. Vrai 11. Vrai 12. Faux
13. Faux 14. Faux 15. Vrai 16. Vrai 17. Faux

Page 42

Réponses variées. Exemples :

1. a) 239 = 200 + 30 + 9
   b) 526 = 500 + 20 +6
   c) 192 = 100 + 40 + 50 + 2
   d) 731 = 400 + 300 + 15 + 15 + 1
   e) 478 = 400 + 70 + 8
   f) 672 = 300 + 300 + 40 + 30 + 1 + 1
   g) 1183 = 1000 + 100 + 80 + 3
   h) 1789 = 1000 + 300 + 400 + 40 + 40 + 9
   i) 345 = 300 + 20 + 20 + 5
   j) 3257 = 2000 + 1000 + 200 + 50 + 7
2. a) 643 b) 962 c) 851 d) 1073 e) 338 f) 2058
   g) 674 h) 1159 i) 605 j) 787

Page 43

Questions et réponses variées. Exemples :

1. Quel thermomètre indique la température la plus froide ? Le thermomètre A
2. Le thermomètre E indique combien de degrés de plus que le thermomètre B ? 10 degrés
3. Quel thermomètre indique la température d'une chaude journée d'été ? Le thermomètre D
4. Quel thermomètre indique la température à laquelle l'eau gèle ? Le thermomètre C

Page 44

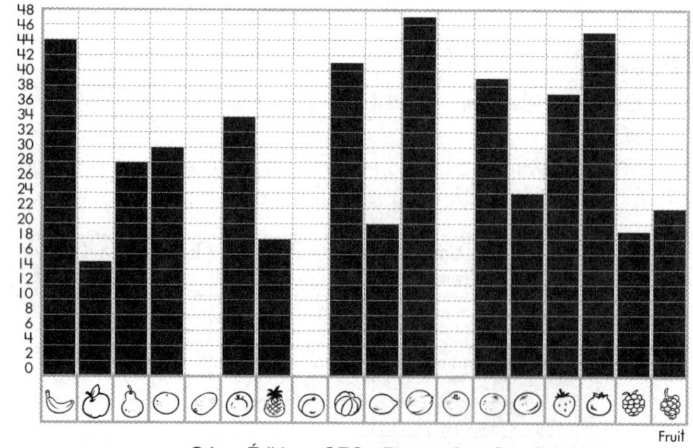

Page 45

1. A) 37, 47, 57, 77, 87, 97
   B) 113, 123, 221, 231, 321, 331
   C) 245, 425, 542, 627, 726, 762
   D) 886, 887, 889, 986, 987, 998
2. 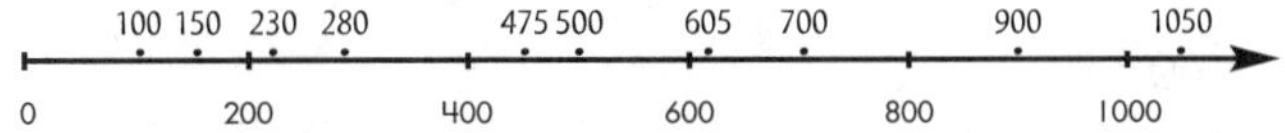

3. A) 500 B) 700 C) 1100 D) 200 E) 700 F) 500
   G) 100 H) 400 I) 1200 J) 6600 K) 2300 L) 1000
4. 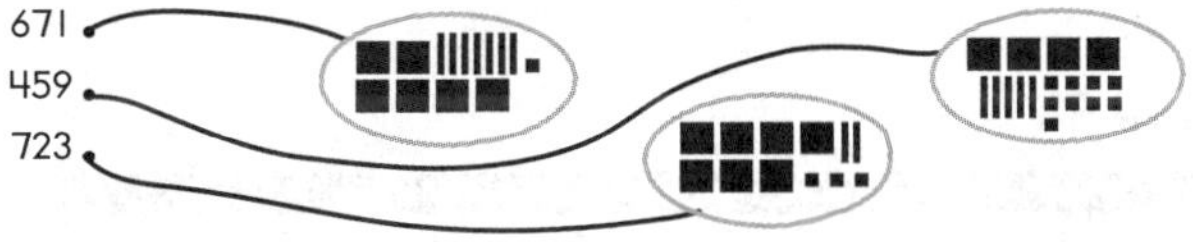

Page 46

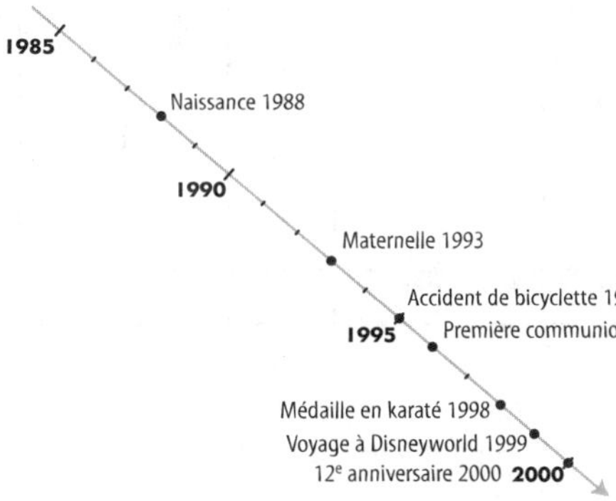

Page 47

Réponses variées. Exemples :

	Solide	Ressemblance	Différence
1.	A et C	Les deux ont au moins un carré.	A : 8 sommets ; C : 5 sommets.
2.	A et F	Les deux sont des polyèdres.	A : carrés ; F : rectangles.
3.	B et C	Les deux sont des polyèdres.	C : a des triangles ; B : non.
4.	F et H	Les deux ont des rectangles.	F : a des triangles ; H : non.
5.	D et G	Les deux ont au moins un cercle.	G : a un sommet ; D : non.
6.	B et E	Ce sont deux polyèdres.	B : 8 sommets ; E : 4 sommets.
7.	C et F	Les deux ont des triangles.	C : a un carré ; F : non.
8.	C et H	Les deux glissent.	C : 5 sommets ; H : 12 sommets.
9.	B et H	Les deux ont des rectangles.	B : a des carrés ; H : non.
10.	C et E	Les deux sont des pyramides.	C : a un carré ; E : non.

Page 48

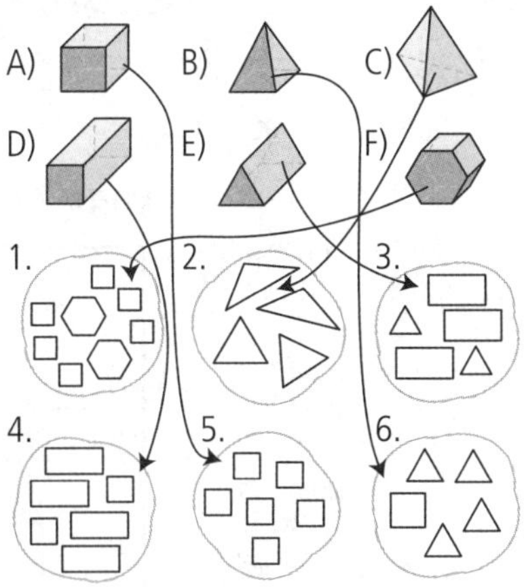

Page 49

1. 36 biscuits 2. 20 minutes
3. 9 paquets 4. 40 crayons en bois
5. 4 autocollants brillants et 14 autocollants velours

Page 50

1. 3 2. 1 3. 2 4. Un sapin
5. Une auto et une bicyclette 6. Un nuage
7. Un ballon 8. Un enfant et un chien

Page 51

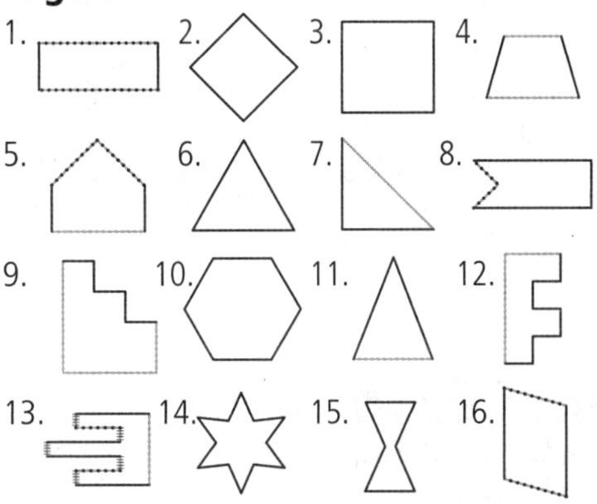

Page 52

1. Le sentier de l'âne.
2. 32 km
3. 8 km
4. 128 km
5. 272 km

Page 53

	Lignes simples		Lignes non simples	
	Brisée	Non brisée	Brisée	Non brisée
Lignes fermées	P. 44, p. 41	p. 49, p. 39	p. 42	p. 46, p. 47
Lignes non fermées	p. 45, p. 43	p. 38	p. 40	p. 48

Page 54

A) Fermée, Simple, Brisée
B) Non fermée, Non simple, Non brisée
C) Fermée, Simple, Non brisée
D) Fermée, Simple, Brisée
E) Fermée, Non simple, Brisée
F) Non fermée, Simple, Brisée
G) Non fermée, Simple, Non brisée
H) Non fermée, Non simple, Brisée
I) Non fermée, Simple, Non brisée
J) Fermée, Non simple, Non brisée
K) Fermée, Simple, Brisée
L) Fermée, Simple, Non brisée
M) Non fermée, Non simple, Non brisée
N) Fermée, Non simple, Brisée
O) Fermée, Simple, Brisée

Page 55

A) V B) F C) V D) V E) F
F) F G) V H) V I) F J) F

Page 56

1. B 2. C 3. B. 4. C 5. B 6. C 7. B 8. B

Page 57

1. 11 cm 2. 15 cm 3. 18 cm 4. 26 cm
5. 12 cm 6. 16 cm 7. 31 cm 8. 22 cm

Corrigé

Page 58

1. 16 cm 2. 23 cm 3. 21 cm 4. 13 cm 5. 19 cm 6. 32 cm

Page 59

1. 26 $ 2. 8 $ 3. Le format moyen.
4. 18:10 5. 267 personnes 6. 20 $

Page 60

1. dimanche ; mercredi ; lundi 2. 14 mai
3. lundi, 15 mai 4. jeudi, 18 mai
5. mardi, 16 mai 6. 92 jours

Page 61

1. 16 2. 18 3. 21 4. 36 5. 25 6. 8
7. 0 8. 27 9. 20 10. 7 11. 18 12. 8
13. 32 14. 5 15. 35 16. 3 17. 28 18. 15
19. 30 20. 12 21. 10 22. 9 23. 14 24. 24
25. 12 26. 6 27. 16

Le dessin représente : **un sapin**

Page 62

×	0	1	2	3	4	5	6	7	8	9
0	0	0	0	0	0	0	0	0	0	0
1	0	1	2	3	4	5	6	7	8	9
2	0	2	4	6	8	10	12	14	16	18
3	0	3	6	9	12	15	18	21	24	27
4	0	4	8	12	16	20	24	28	32	36
5	0	5	10	15	20	25	30	35	40	45
6	0	6	12	18	24	30	36	42	48	54
7	0	7	14	21	28	35	42	49	56	63
8	0	8	16	24	32	40	48	56	64	72
9	0	9	18	27	36	45	59	63	72	81

Page 63

Légende :
81 = noir
56 = bleu
40 = jaune
27 = gris
49 = rouge
30 = brun
32 = orange
36 = vert

Page 64

1. 25
2. 42
3. 152
4. 123
5. 509
6. 78
7. 885
8. 543

Page 65

1. 87, 106, 135, 193, 221, 239, 328, 333, 381, 442, 508, 560, 667, 739, 752, 789, 824, 861, 925, 958, 993
2. 105 $

Page 66

1. 21 $ 2. 13 $ 3. 34 $
4. Saumon, filet mignon, veau, riz, spaghetti
5. Plusieurs réponses possibles. Exemple : Artichauts, veau, gâteau
6. 32 $

Page 67

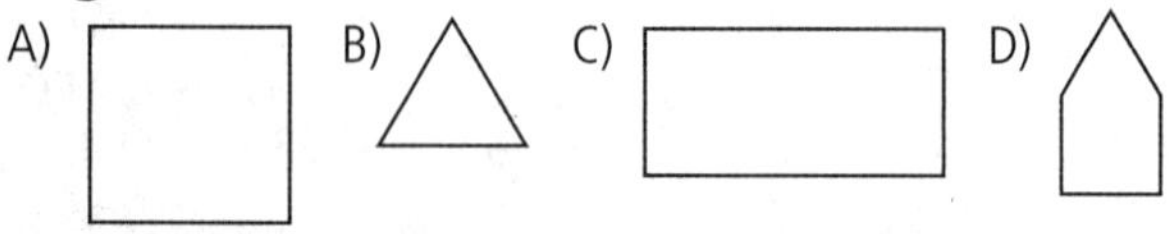

Page 68

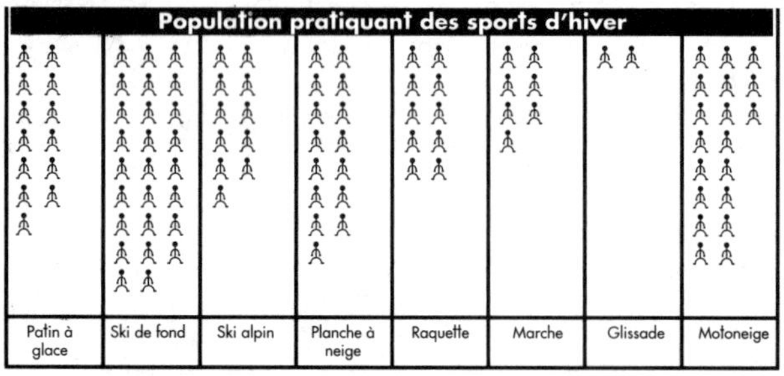

Page 69

A) 5 B) 24 C) 8 D) 5 E) 20
F) 9 G) 72 H) 7 I) 9 J) 32
K) 6 L) 45 M) 6 N) 9

Page 70

1. A) B)

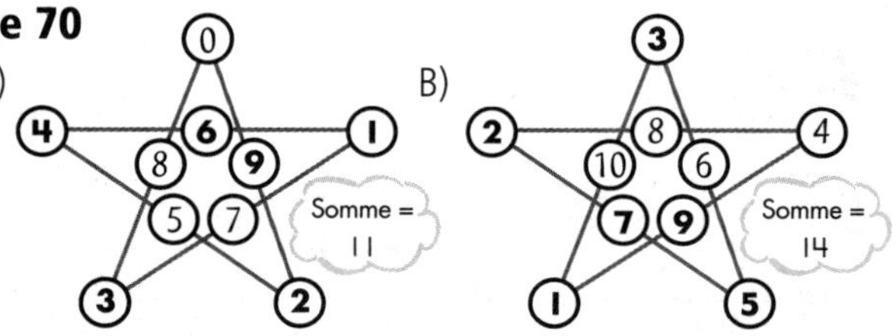

2. A) B)

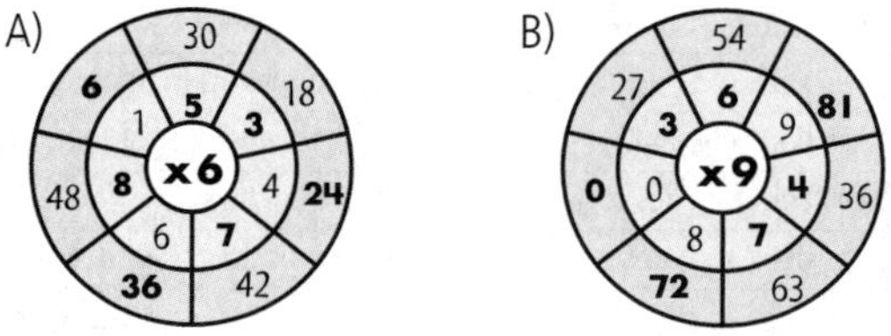

3. **A** 30 **B** 24 **C** 49 **D** 20
E 36 **F** 64 **G** 72 **H** 35
I 54 **J** 56 **K** 48

Page 71

A) 438 Propriété : 3 chiffres consécutifs.
B) 606 Propriété : Un 6 à la position des dizaines.
C) 548 Propriété : Le nombre commence par 7, 8 ou 9.
D) 171 Propriété : total des chiffres = 10.
E) 801 Propriété : Un 1 à la position des dizaines.
F) 45 Propriété : À chaque nombre correspond un nombre dont les chiffres sont inversés.

Page 72

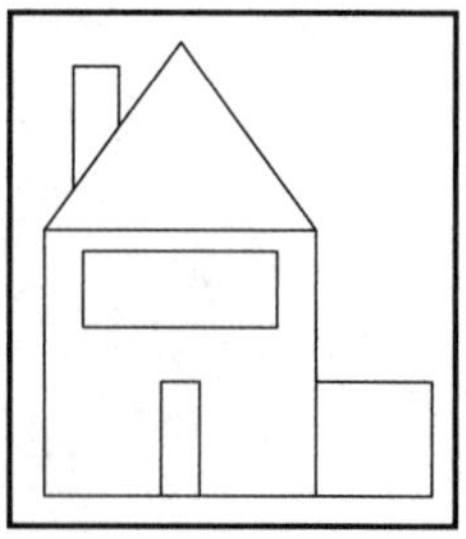

Corrigé

Page 73

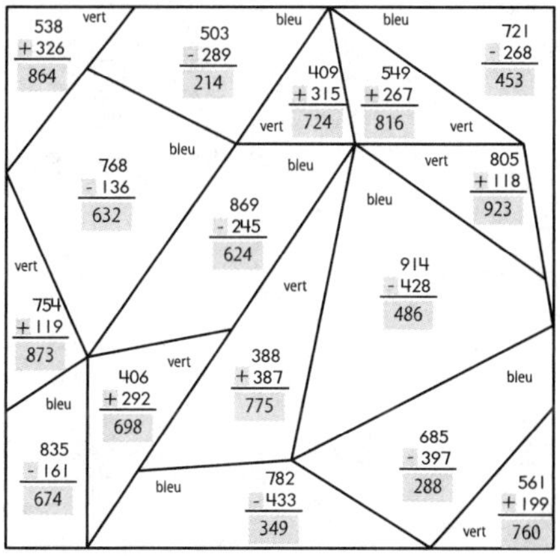

Page 74

Suite	Règle
A) 65, 63, 61, 59	− 2
B) 100, 95, 90, 85	− 5
C) 34, 39, 41, 46	+ 2, + 5
D) 271, 261, 251, 241	− 10
E) 699, 694, 696, 691	+ 2, − 5
F) 577, 590, 603, 616	+ 13
G) 419, 417, 424, 422	+ 7, − 2
H) 895, 905, 880, 890	− 25, + 10
I) 58, 60, 61, 63	+ 1, + 2
J) 450, 525, 425, 500	− 100, + 75
K) 83, 82, 87, 90	+ 5, + 3, − 1
L) 283, 282, 272, 292	− 10, + 20, −1
M) 820, 819, 816, 814	− 3, − 2, − 1
N) 116, 119, 123, 124	+ 1, + 2, + 3, + 4
O) 620, 510, 710, 600	+ 200, − 110

Page 75

A) 40, 43, 46, 49
B) 77, 73, 72, 68
C) 52, 53, 58, 59
D) 102, 107, 117, 122
E) 134, 138, 139, 143
F) 650, 750, 850, 950
G) 463, 373, 283, 193
H) 545, 555, 550, 560
I) 44, 33, 22, 11
J) 316, 321, 319, 324
K) 760, 790, 820, 850
L) 18, 21, 22, 24
M) 656, 767, 878, 989

Page 76

A)
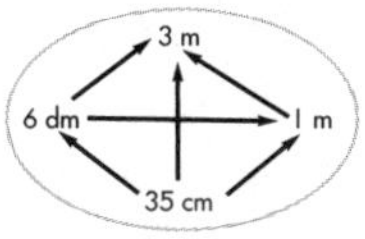

B)
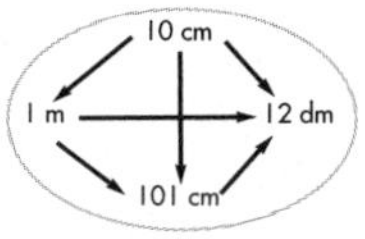

C)
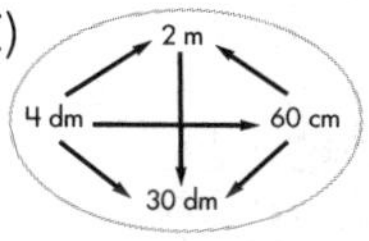

D)
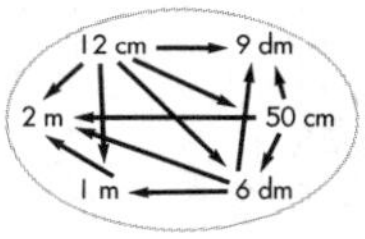

E)
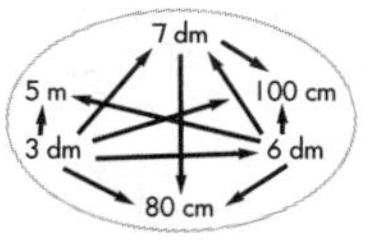

F)
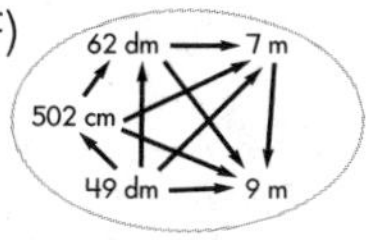

Page 77

A)	**44**	H)	**77**
B)	**26**	I)	**63**
C) 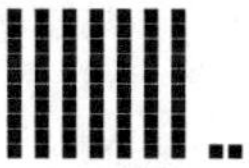	72	J) 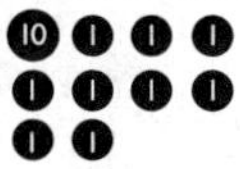	19
D)	**15**	K)	**20**
E) 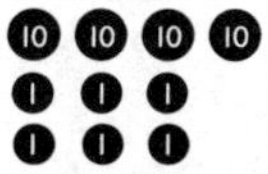	46	L) 	91
F) 	80	M) 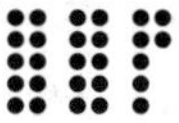	27
G)	**32**	N)	**18**

Page 78

1. 30 bonjours.
2. A = chat B = cheval C = chien D = canard
3. 8 boîtes. 4. B R V J 5. La 17e semaine

Page 79

1. 40 $ 2. 297 $ 3. 500 $ 4. 3 $ 5. 309 $
6. A) 330 $ B) 325 $ C) 255 $ D) 615 $
E) 33 $ F) 60 $ G) 55 $ H) 575 $

Page 80

1. 5 x 4 = 20 personnes 2. 10 x 5 = 50 minutes
3. 3 x 8 = 24 élèves 4. 4 x 8 = 32 boules
5. 3 + 3 = 6 ; 2 x 6 = 12 personnes
6. 7 x 9 = 63 verres

Page 81

1. 4 bicyclettes et 2 tricycles 2. 53 $
3. 48 tomates 4. 1013 $
5. 127 $ 6. Julie : 3 ans ; Karine : 9 ans

Page 82

1. 90 ¢ 2. 7,47 $ 3. 45 $ 4. Oui, 2 litres coûtent 1,98 $
5. 48 $ 6. 40 $

Page 83

Questions et réponses variées. Exemples :

1. Quelle est la différence de prix entre le ballon et le livre ? 11 $
2. Les lunettes coûtent combien de plus que le yo-yo ? 3 $
3. Marie a 48 $. Peut-elle acheter l'ourson et la raquette ? Oui
4. Sonia veut acheter les crayons de couleur et les pogs. Elle a 20 $. Combien d'argent lui manque-t-il ? 2 $
5. Le jeu de dames coûte combien de moins que les cartes de hockey ? 5 $
6. Alex achète 2 cordes à danser et 2 cahiers à colorier. Combien dépense-t-il ? 10 $

Page 84

1. 85 – 53 = 32 Le chandail coûte 32 $ de plus que les gants.
2. 127 – 95 = 32 Le jeu d'échecs coûte 32 $ de moins que le jeu vidéo.
3. 350 – 80 = 270 Il lui restera 270 $ à débourser.
4. 72 + 45 + 27 = 144 Le prix total sera 144 $.
5. 78 – 50 = 28 Il lui manque 28 $.

Page 85

Segment	Mesure
AB	→ 6 cm
BC	→ 7 cm
CD	→ 9 cm
DE	→ 8 cm
EF	→ 3 cm

Segment	Mesure
FG	→ 1 cm
GH	→ 5 cm
HI	→ 4 cm
IJ	→ 2 cm
JA	→ 3 cm

Corrigé

Page 86

Solide	Nombre de □	Nombre de △	Nombre de ▭	Nombre de ○	Nombre de ⬠
A	6				
B				1	
C	2		4		
D				2	
E	1	4			
F		2	3		
G					
H			5		2
I		4			
J			6		
K		4	1		

Page 87

Réponses variées. Exemples :

A) boîte de jus surgelé B) gobelet C) dé
D) balle E) chocolat F) beurre
G) pion H) boîte de chocolats I) sels de bain
J) pâté de foie K) boîte de mouchoirs

Page 88

1. balle ; boule de naphtaline
2. gobelets ; cornet
3. dé à jouer ; boîte de mouchoirs
4. boîte de conserve ; bout de tuyau
5. pyramide ; métronome
6. tablette de chocolat ; boucle d'oreille
7. beurre ; boîte de macaronis
8. livre ; boîte de chocolats
9. cheval sautoir ; bouchée de chocolat

Page 89

1.

8	1	**6**
3	**5**	**7**
4	**9**	**2**

2. + 5, – 2

45	43	**48**	**46**
50	**55**	**53**	**51**
48	**46**	**44**	**49**
46	**51**	**49**	**47**

3.

↗	728	103	526	948	920	859	643	347
227	x		x	x	x	x	x	x
642	x			x	x	x	x	
831				x	x	x		

Page 90

				1	2	3	4	5
14	13	12	11	10	9	8	7	6
15	16	17	18	19	20	21	22	23
32	31	30	29	28	27	26	25	24
33	34	35	36	37	38	39	40	41
50	49	48	47	46	45	44	43	42
51	52	53	54	55	56	57	58	59
68	67	66	65	64	63	62	61	60
69	70	71	72	73	74	75	76	77
86	85	84	83	82	81	80	79	78
87	88	89	90	91	92	93	94	95
				100	99	98	97	96

Page 91

1. 79 2. 49 3. 8 4. 29 5. 29 6. 26
7. 24 8. 29 9. 25 10. 48 11. 26 12. 19
13. 39 14. 17 15. 17 16. 12 17. 68 18. 57
19. 39 20. 34 21. 36 22. 28 23. 44 24. 38
25. 26 26. 79 27. 38 28. 23 29. 49 30. 28

Page 92

Prix	Opération	Reste
37 $	63 – 37 26	26 $
94 $	111 – 94 17	17 $
153 $	224 – 153 71	71 $
18 $	39 – 18 21	21 $
70 $	152 – 70 82	82 $
89 $	401 – 89 312	312 $
126 $	160 – 126 34	34 $
25 $	163 – 25 138	138 $

Page 93

1. 1424 2. 1681 3. 424 4. 922 5. 1387 6. 1039
7. 1046 8. 1042 9. 366 10. 603 11. 408 12. 146
13. 379 14. 119 15. 666 16. 428

Page 94

1. 647 P, 238 A, 882 U, 660 L, 238 A
2. 941 C, 238 A, 982 R, 660 L, 410 O
3. 333 K, 721 I, 980 M
4. 980 M, 721 I, 941 C, 948 H, 238 A, 514 E, 660 L
5. 810 J, 882 U, 660 L, 721 I, 514 E
6. 647 P, 238 A, 724 T, 982 R, 721 I, 941 C, 333 K
7. 238 A, 660 L, 514 E, 648 X
8. 589 S, 410 O, 647 P, 948 H, 721 I, 514 E
9. 660 L, 882 U, 941 C, 514 E

Page 95

1. 678 2. 365 3. 217 4. 312 5. 486 6. 348
7. 358 8. 389 9. 238 10. 449 11. 528 12. 379
13. 238 14. 317 15. 522 16. 454

Corrigé

Page 96

Réponses variées. Exemples :

Horaire	Nom	Horaire	Nom
17:00	Nguyen	**19:00**	Lefebvre
17:15	Godbout	**19:15**	Geneau
17:30	Bisson	**19:30**	Cheng
17:45	Plante	**19:45**	Ducharme
18:00	Souper	**20:00**	Petrov
18:15	Souper	**20:15**	Hassad
18:30	Meyer	**20:30**	Canac-Marquis
18:45	Cloutier	**20:45**	Brunet

Page 97

1. 20	2. 32	3. 18	4. 72	5. 49	6. 0
7. 81	8. 24	9. 0	10. 48	11. 36	12. 35
13. 32	14. 24	15. 49	16. 12	17. 0	18. 32
19. 48	20. 21	21. 72	22. 20	23. 64	24. 30
25. 72	26. 20	27. 30	28. 24	29. 12	30. 0
31. 42	32. 0	33. 28	34. 36	35. 12	36. 12

37. 24 Le cadeau de Mélanie est : Un voyage à Disneyland pour toute la famille.

Page 98

A) 526 + 411 = 937	B) 290 + 327 = 617	C) 874 − 323 = 551	D) 661 − 178 = 483
E) 753 − 142 = 611	F) 400 − 237 = 163	G) 354 + 389 = 743	H) 245 + 458 = 703
I) 212 + 279 = 491	J) 493 + 322 = 815	K) 370 − 251 = 119	L) 553 − 414 = 139
M) 931 − 560 = 371	N) 592 − 424 = 168	O) 559 + 341 = 900	P) 573 + 00 = 573

Page 99

1. 174 km	2. 32 km	3. 270 km	4. 387 km
5. 293 km	6. 146 km	7. 463 km	8. 309 km

Page 100

A) 759 : salopettes	B) 669 : chandails	C) 966 : cols roulés
D) 696 : t-shirts	E) 482 : jupes	F) 842 : manteaux
G) 957 : jeans	H) 824 : blouses	I) 873 : robes
J) 842 : manteaux	K) 783 : pantalons	L) 824 : blouses

Page 101

1.	1346	2681	732	3422
	579	680	1907	761
	321	5893	485	1374
2.	(2)89	2(5)69	(8)78	1(8)37
	(1)31	(7)05	1(4)26	2(6)65
	(9)02	3(6)23	3(9)44	(5)47
3.	14~~5~~	97~~6~~	67~~1~~	79~~4~~
	32~~0~~	205~~7~~	136~~2~~	144~~9~~
	83~~5~~	54~~8~~	340~~3~~	68~~4~~

Page 102

1. A) 8	B) 27	C) 26	D) 16
E) 25	F) 15	G) 11	H) 24
I) 13	J) 15	K) 15	L) 9

2. A, L, G, I, F, J, K, D, H, E, C, B

Page 103

1. 15	2. 9	3. 13	4. 15	5. 7	6. 15
7. 5	8. 36	9. 4	10. 24	11. 17	12. 16
13. 30	14. 14	15. 0	16. 16	17. 0	18. 8
19. 16	20. 8	21. 10	22. 3	23. 18	24. 13
25. 7	26. 18	27. 16	28. 14	29. 12	30. 9
31. 2	32. 2	33. 10	34. 48	35. 25	36. 10
37. 7	38. 5	39. 16	40. 21	41. 14	42. 4
43. 9	44. 9	45. 16	46. 56	47. 14	48. 7

Index